本书系全国教育科学"十三五"规划2017年度单位资助教育部规划课题"区域推进海商教育的实践研究"（项目编号：FGB170626）；山东省基础教育教学改革项目"基于'以海育人'理念的区域海洋教育实践探索"（项目编号：3702001）之成果

基础教育海洋特色课程汇

海之秘

海洋实验主题课程

（三至八年级）

本册主编　刘　琨

中国海洋大学出版社

·青岛·

基础教育海洋特色课程汇

顾　　问

管华诗　中国工程院院士、中国海洋大学原校长

编 委 会

主　　任	杨鸿清	青岛市市南区教育和体育局局长
副 主 任	孙方凯	青岛市市南区教育和体育局总督学
	封安青	挂职青岛市市南区委教育工委副书记
	刘文明	青岛市市南区教育和体育局党组副书记
	于浩波	青岛市市南区教育保障中心主任
	孙　莉	青岛市市南区教育和体育局副局长
	徐　菲	挂职青岛市市南区教育和体育局副局长
	孙晓梅	挂职青岛市市南区教育和体育局副局长
	刁丽霞	青岛市市南区教育研究中心主任
	王　卫	青岛市市南区教育研究中心原主任
编　　委	董坤凌　解育红　关　茜　杨国青　胥　兵　杨希婷　杨　蔚	
	叶少远　颜秉君　徐慧颖　于凤丽　张会英　张培欣　臧旭东	
	韩　强　许占斌　松　梅　刘　琨　陈翠玉　王　蕾　王　山	
	于　泳　师　蓉　仪　琳　宋立群	
总 策 划	杨鸿清	
执行策划	刁丽霞　董坤凌　解育红	

本 册 主 编　刘　琨

本 册 副主编　陈翠玉　丁吉鹏

本 册 编写人员　刘　晔　刘艳丽　孙　晓　鲁冬雨　吴媛媛　周　琛
　　　　　　　　丁　晨　王　山

序

  我国是海洋大国,主张管辖的海域面积约为300万平方千米,拥有18000多千米的大陆海岸线,以及许多美丽的岛屿和海滨城市。海洋蕴藏着丰富的宝藏,是我们生活家园的一个重要部分。我们应该在孩子们心中从小播下了解海洋、热爱海洋、利用海洋和保护海洋的种子。

  青岛是我国海岸线上一颗璀璨的明珠。市南区有着美丽的风景,这里红瓦绿树、碧海蓝天,人民依海而生、因海而兴。市南区的教育工作者们为了让孩子们认识海洋、热爱海洋,编写了"基础教育海洋特色课程汇"丛书。该丛书涵盖了从幼儿园到初中各个学段的课程,充分体现了培养德智体美劳全面发展的社会主义建设者和接班人的教育方针。该丛书由浅入深、内容丰富、图文并茂,符合少年儿童的认知特点,是一套很有特色的地方教材,填补了我国海洋教育与学科课程融合方面的空白。

  海洋强国梦是实现中华民族伟大复兴梦的重要组成部分。海洋教育不仅要在海滨城市推广,也要在内陆地区推广。"基础教育海洋特色课程汇"提供了很好的教材。希望市南区的老师们努力实践,并不断完善这套教材。

  青岛市市南区是中国教育学会第一批教改实验区,从2003年开始我就与他们有密切的联系。看到市南区教育的发展和他们所取得的成绩,我非常高兴,特写此为序。

2019年3月16日

(顾明远　北京师范大学资深教授,国家教育咨询委员会委员,北京明远教育书院名誉院长,曾任北京师范大学副校长、国务院学位委员会评议组教育学科召集人、中国教育学会会长、世界比较教育学会联合会联合主席等职)

前言 QIANYAN

　　从人类与海洋相遇的那一刻起,一个美丽的故事就开始了。自古以来,人类都在努力地了解海洋、开发海洋,与海洋和谐相处。因为海洋是人类文明的摇篮、资源的宝库,是人类生存与发展的重要基础和希望。

　　我国是海洋大国。依据《联合国海洋法公约》,我国主张管辖的海域面积约为300万平方千米。我国漫长的海岸线逶迤蜿蜒,绘就了祖国壮丽雄伟的海洋美景。青岛,正是这条海岸线上一颗璀璨的明珠。市南区作为青岛市的主城区之一,依海而生,因海而兴,拥有无与伦比的海洋发展优势。

　　然而,我国还不是海洋强国。为了积极践行习近平总书记提出的"要进一步关心海洋、认识海洋、经略海洋,推动我国海洋强国建设不断取得新成就"的指示精神,青岛市市南区教育和体育局以寻找海洋创新驱动为出发点,以全国教育科学"十三五"规划2017年度单位资助教育部规划课题"区域推进海商教育的实践研究"为抓手,进一步优化海洋远景规划,深度推进区域海洋教育实践研究。为了培养学生"亲海、爱海、知海、用海"的意识,激发他们保护海洋、探索海洋、维护海洋权益的责任感与使命感,青岛市市南区教育和体育局组织学科教研员和一线骨干教师,倾力打造并推出本套"基础教育海洋特色课程汇"丛书。

　　"基础教育海洋特色课程汇"丛书涉及德育、智育、体育和美

育等方面的11个学科，覆盖幼儿园、小学、初中全学段。具备丰富教学经验的学科教研员和骨干教师组成的主创团队，陆续推出《海之魂》《海之韵》《海之蒙》《海之魄》《海之美》《海之奇》《海之妙》《海之德》《海之容》《海之旅》《海之秘》等分册，内容丰富，精彩纷呈。

本丛书图文并茂，设计精美，配图主要由市南区在校学生和教师亲手绘制。可以说，本丛书承载了市南教育人的海洋梦，凝聚了市南教育精英的智慧。本丛书的出版既是成果，也是起点。培养具有海洋素养的学生，是市南海洋教育人不懈的努力方向，而这套丛书则是我们砥砺前行的足迹。

本丛书的编写，得到了青岛市市南区教育和体育局领导和全体师生的鼎力支持，中国海洋大学、青岛大学等高校海洋教育相关领域的专家也给予了大力支持。来自各方的帮助和支持，确保了本丛书的编创和出版工作得以顺利完成，在此谨向有关单位和人员表示衷心的感谢。

限于学科视野及能力，书中疏漏与不妥之处在所难免。我们热切希望在丛书的使用过程中，能够得到广大师生的帮助及相关专家的指导，以使其不断优化，日趋完善。

编　者

2019年3月

致同学们

ZHITONGXUEMEN

　　同学们，我们的家乡——青岛，拥有约1.22万平方千米的近海海域、约375.3平方千米的滩涂、约711千米的海岸线、69个海岛、49处天然港湾。作为"世界最美海湾"城市之一，青岛不仅拥有海洋自然资源优势，而且还集聚了国内30%以上的海洋教学和研究机构，聚集着众多的高层次海洋科研人员，承担着大量的国家重点海洋科研项目。

　　科学是神奇的，依靠科学，我们可以探索苍穹、遨游大洋。但科学并不神秘，科学就在我们身边，来自我们对未知事物的好奇和探索。

《海之秘》一书通过14个实验主题，以海洋现象、科学知识为切入点，通过动手体验与实践，让我们感受科学研究的价值与魅力，养成勤观察、善思考、爱探索的好习惯，在动手操作中打开海洋科学的大门。

本册教材的编写，得到了中国科学院海洋研究所的姚建亭、彭全材、赵瑾、许飞、张德超、杨黎晖、刘清华、贾思洋、李莉、唐晓晖、肖永双、孙超岷、肖媛媛、焦爽、张芳、宋书群等专家的大力支持与帮助。专家们的助力，为教材的科学性、严谨性提供了保障。

同学们，让我们一起努力吧！

目录

MULU

一　制作海水电池 ··· 1

二　海藻标本的制作 ····································· 6

三　会动的鸡蛋 ·· 12

四　易拉罐彼此吸引 ····································· 16

五　海洋细菌的分离与培养实验 ··················· 20

六　牡蛎壳腔容积测定 ································· 25

七　显微镜下探究海洋浮游动物 ··················· 31

八　海带提取碘 ·· 36

九　不同盐度下，鲍的腹足吸附力的测量实验 ····· 42

十　海水悬浮颗粒物的提取 ·························· 46

十一　海水中粗盐分含量的测定实验 ············ 51

十二　多彩褐藻胶的制备 ······························ 56

十三　海洋鱼类 DNA 的提取实验 ·················· 61

十四　微生物间的拮抗作用 ·························· 65

一　制作海水电池

引　言

> 海水电池，顾名思义，是以取之不尽、用之不竭的海水作为电解质的电池。目前，常见的救生衣灯就是利用海水电池发电的原理制成的。海水电池救生衣灯是安装在救生衣上的救生装置，落水后会亮起，从而指示夜间落水人员和救助人员在海上的位置，以达到快速营救的目的。

一　实验目的

1. 初步了解海水电池的工作原理，观察金属腐蚀现象。
2. 认识发光二极管（简称LED）的正、负极。

二　知识链接

1. 金属腐蚀。金属在周围介质的化学或电化学的作用下被损坏的过程。

2. 海水电池。海水电池泛指以海水作为电解质溶液的电池。海水中含有约 3.5% 的盐分，可直接用来做电解质溶液。镁海水电池以镁作为负极、炭作为正极，由于镁能与海水发生化学反应，连接正、负极的导线就会产生电流。

3. LED。LED 可以把电能转化为光能。LED 具有电光转化率高、绿色环保、寿命长、工作电压低、体积小、发热少、光束集中稳定等一系列优点。

三 实验仪器及材料

实验仪器及材料（图 1-1）：鳄鱼夹、LED、导线、镁片、炭片、布丁杯、海水。

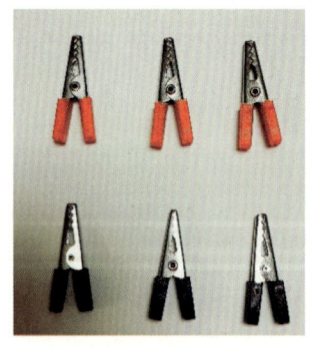
鳄鱼夹

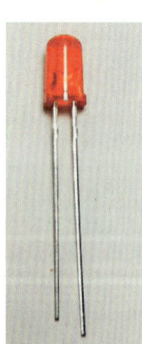
LED

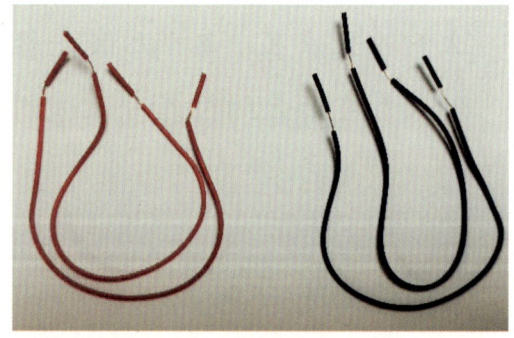
导线

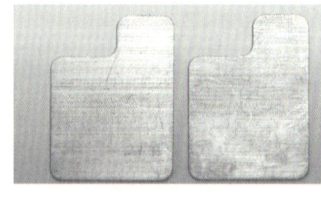
镁片

炭片

布丁杯

图 1-1　实验仪器及材料

四 实验步骤

1. 连接导线和鳄鱼夹：拔掉鳄鱼夹一侧的塑料插头，并去掉导线头部约 1 cm 的塑料外皮，将导线头部穿进鳄鱼夹一侧的圆孔并拧紧，如图 1-2 所示，将导线和鳄鱼夹相连。

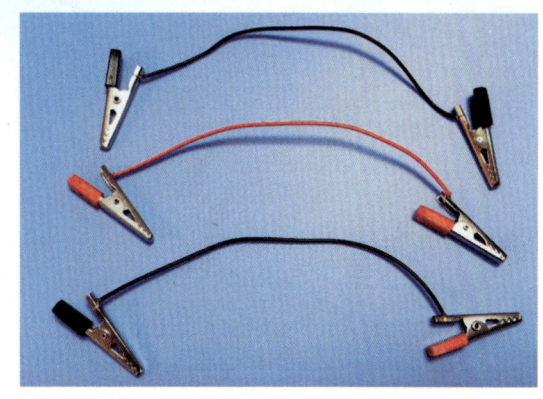

图1-2 将导线和鳄鱼夹相连

2. 将鳄鱼夹分别与炭片、镁片相连：如图 1-3 所示，红色的鳄鱼夹夹住炭片（黑色），黑色的鳄鱼夹夹住镁片（白色）。

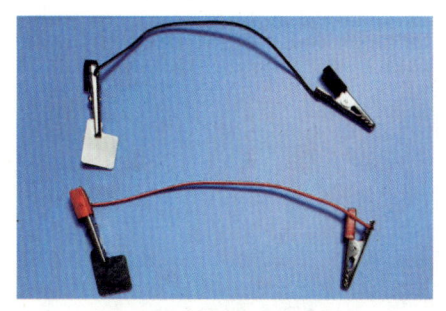

图1-3 将鳄鱼夹分别和炭片、镁片相连

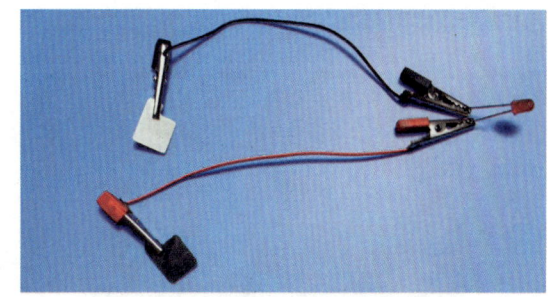

图1-4 将鳄鱼夹和LED相连

3. 连接鳄鱼夹和 LED：按图 1-3 所示连接后，用两个鳄鱼夹分别夹住 LED 的两极；其中，红色的鳄鱼夹接正极（引脚长），黑色的鳄鱼夹接负极（引脚短），如图 1-4 所示。

4. 将试片放入布丁杯中：将 1 个炭片和 1 个镁片分为 1 组

（图1-5）并分别放入布丁杯中（图1-6）。

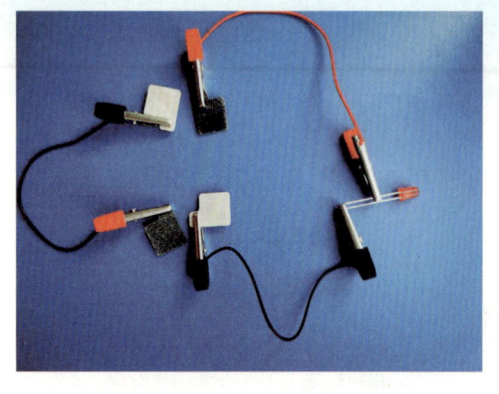

图1-5　炭片和镁片为1组

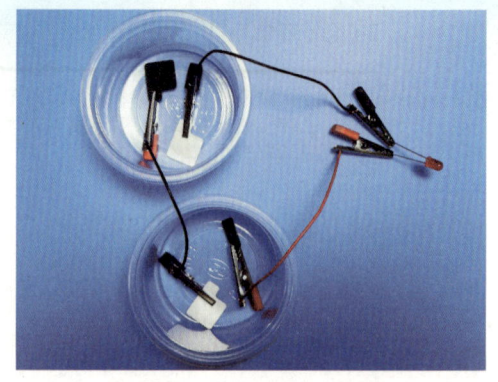

图1-6　将炭片和镁片置入布丁杯中

5.向布丁杯中加入海水，将炭片和镁片淹没（图1-7），注意：炭片和镁片不能接触。

6.观察LED是否亮起（图1-8）；如果不亮，请检查LED正、负极是否被接反。

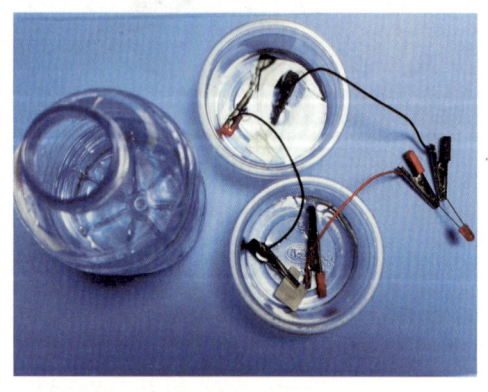

图1-7　向布丁杯中加入海水

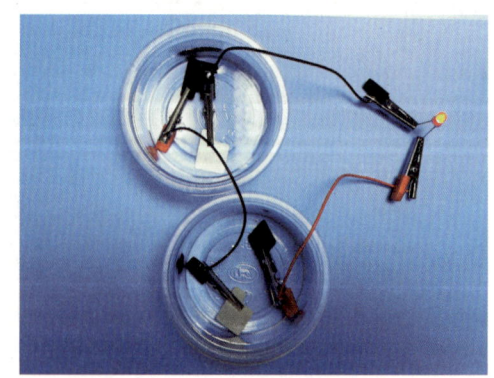

图1-8　观察LED是否亮起

温馨提示：

1.用导线连接鳄鱼夹和炭片、镁片时，不要过度用力，避免损坏它们；

2. LED不亮时，检查正、负极是否被接反，并确保鳄鱼夹和导线以及金属片的连接正确、牢固；

3. 保证LED和连接LED所用的鳄鱼夹及导线的干燥，严禁沾水；

4. 实验过程中，保证手部干燥，严禁将手放入溶液中；

5. 实验结束后，清洗双手。

五 实验记录单 ▶

操作	鳄鱼夹和LED相连后	将连接好的炭片和镁片放入布丁杯中	向布丁杯中加入海水后
LED是否发光			

六 科学加油站 ▶

1. 海水电池泛指以_____作为电解质溶液的电池。

2. 镁海水电池以_____作为正极，_____作为负极。

七 拓展空间 ▶

我们可以通过什么方式来控制LED的亮、灭及亮度呢？

二 海藻标本的制作

引 言

同学们，你们了解海藻吗？你们会制作海藻标本吗？海藻是一种生长在海中的藻类，能进行光合作用，自己养活自己。

它们一般被认为是一种简单的植物，主要特征为：无维管束组织，没有真正根、茎、叶的分化现象；不开花，无果实和种子；生殖器官无特化的保护组织，常直接由单一细胞产生孢子或配子。

海藻标本能保持它的原貌，能长久保存，还很美观，可以帮助我们更加形象地认识海藻。让我们一起来制作海藻标本吧。

一 实验目的

1. 初步了解海藻分类的方法，认识绿藻、红藻和褐藻。
2. 了解海藻标本的制作过程，能动手制作海藻标本。

二 知识链接

1. 海藻的分类：分类学是对事物进行归类的学科，让人类对宇宙万物更容易区分和理解。海藻的分类学研究是把大海里千姿百态的海藻进行归类，让大家更容易区分和理解，如按照体内含有色素的不同可将海藻分为红藻、绿藻和褐藻。

2. 标本：标本是动物、植物、矿物等实物经过各种处理后，可以长久保存并尽量保持原貌，供展览、示范、教育、鉴定、考证及其他各种研究之用的物品。

三 实验仪器及材料

实验仪器：标本纸、纱布、吸水纸、瓦楞纸、塑料板、镊子、铅笔、镂空塑料盘、铲板、搪瓷方盘或塑料方盘、镂空过滤网、配重、风扇（图2-1）；实验材料：海藻（图2-2）。

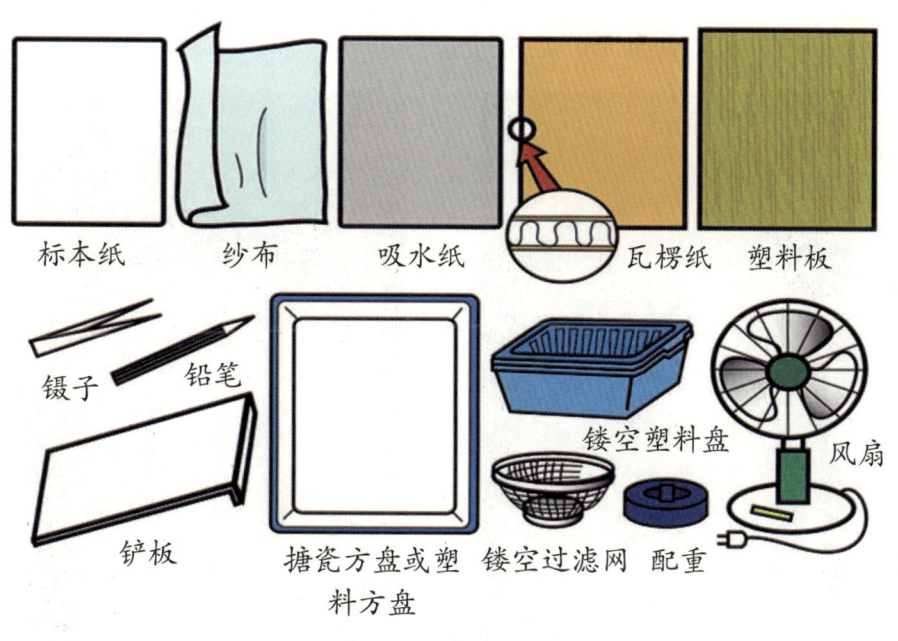

图2-1　实验仪器

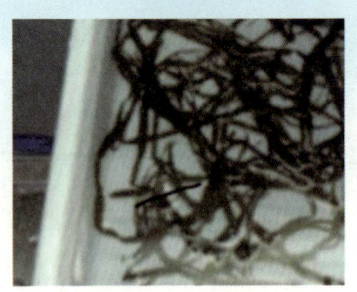

图2-2 海藻

四 实验步骤

1. 藻体的清洗与挑选：清洗并挑选完整、平整的藻体，如图2-3所示。

图2-3 清洗藻体

2. 在托盘中，将海藻摆放在标本纸的中间恰当位置，用镊子调整藻体至平整，整理后将托盘搬离水面，放在瓦楞纸上，如图2-4所示，控干部分水分。

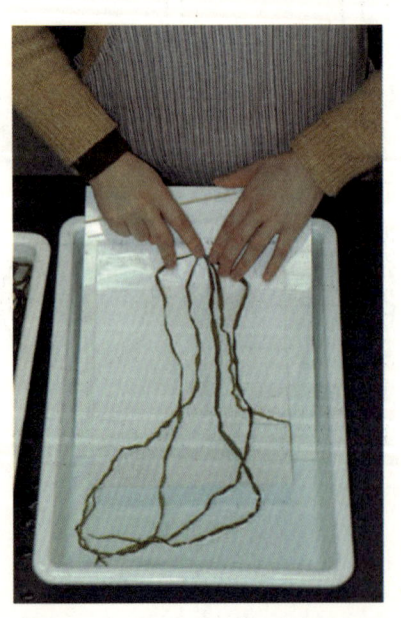
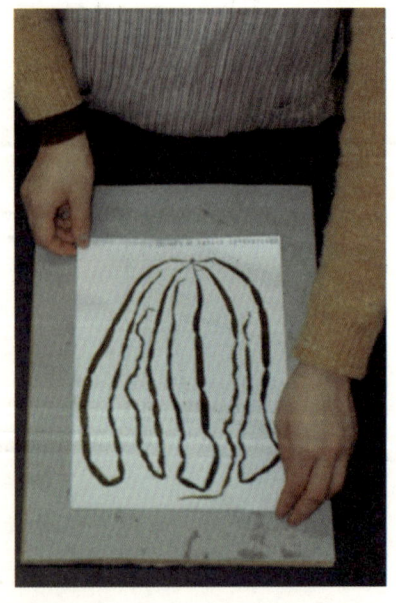

图2-4 将海藻在标本纸上，整理平整后，放在瓦楞纸上控干

3. 在标本上先铺上一层纱布,再放上吸水纸,如图2-5所示。

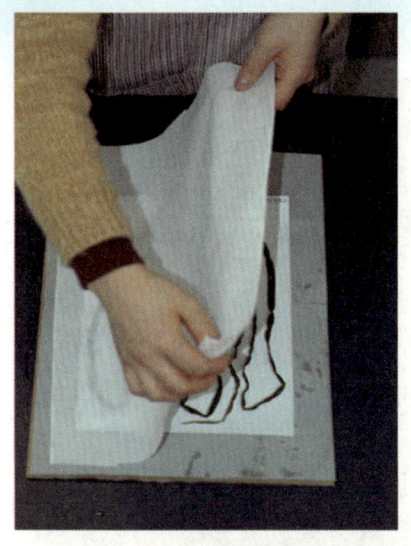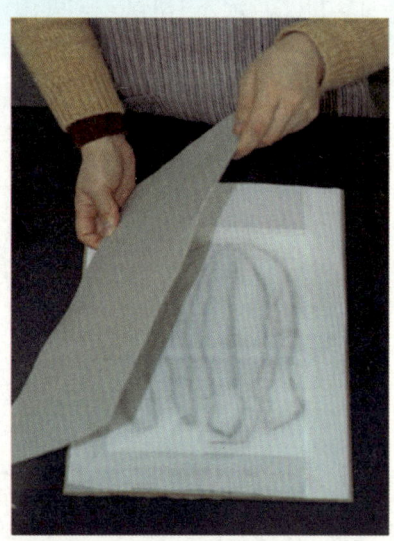

图2-5　用纱布和吸水纸吸干水分

4. 再盖上一张瓦楞纸,一份海藻标本就制作完成。海藻画的制作方式和海藻标本一样,就是在海藻摆放的过程中,发挥想象力,进行构图摆放,一张标本纸上可以摆放多种海藻。将制作好的海藻画叠放,如图2-6所示。

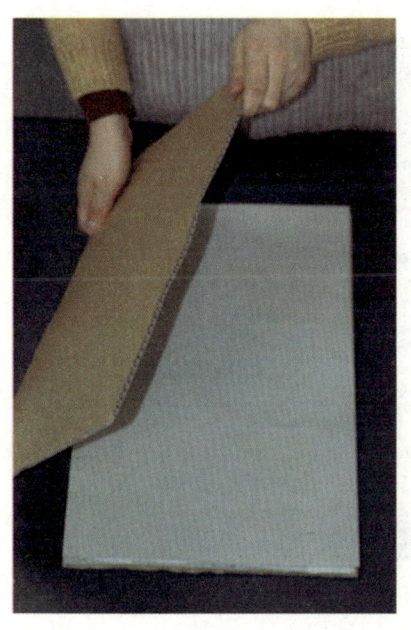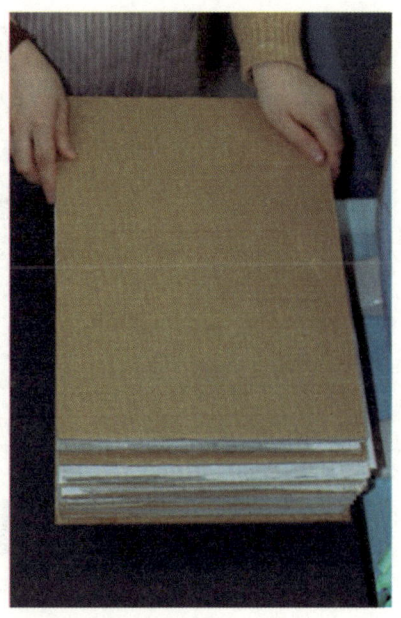

图2-6　盖上瓦楞纸制成海藻标本

5. 将配重压到叠放好的海藻画上,并用风扇对准标本侧面吹,以加快标本的风干速度,如图2-7所示。

图2-7 用配重物和风扇风干标本

6. 根据具体条件,更换吸水纸,待标本完全干燥后揭掉纱布,海藻画就完成了,如图2-8所示。如果有海藻脱落现象,可以用胶水进行粘贴。

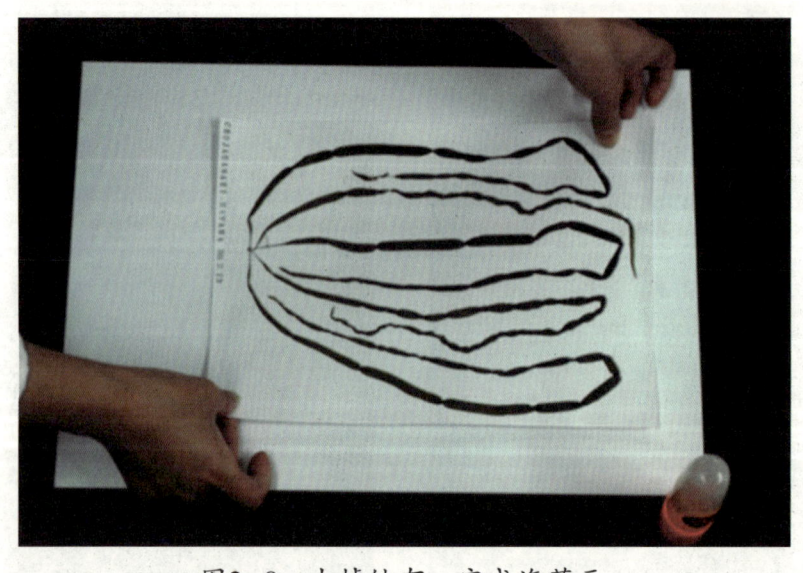

图2-8 去掉纱布,完成海藻画

五 实验记录单

我的海藻标本

六 科学加油站

1. 海藻生长在近海区域——海洋与陆地交接的地方，它们是有奇特味道的植物，每种海藻的气味、颜色、形状等都有差别。常见的海藻根据颜色可分为_____、_____和_____。

2. 海藻标本可以保持海藻的_____，能长久保存，还很美观。

七 拓展空间

让我们利用海藻标本制作自己的海藻主题画吧。

三 会动的鸡蛋

引 言

不会游泳的人在死海中也能浮在水面，原因是什么？本实验将对物体在水中受到的浮力进行研究，分析影响浮力大小的因素，探讨水中物体所受浮力与水的密度的相关性。

一 实验目的

1. 了解物体在液体中所受浮力产生的原理。
2. 了解影响物体在流体中所受浮力大小的因素。

二 知识链接

我们知道，物体在水中的浮沉是由所受重力和所受浮力决定的。当物体所受重力大于所受浮力时，物体将下沉；当物体所受重力小于所受到浮力时，物体将浮在水面上。

人可以浮在死海的水面上，但是，在一般的水体中，如海水、游泳池中的水,人会下沉至水底。这是为什么呢?

本文从浮力的计算公式开始介绍,然后设计实验,对浮力与流体密度的关系进行研究和讨论。

我们知道,液体中物体所受浮力计算公式为

$$F_{浮} = \rho_{液} \cdot g \cdot V_{排}$$

式中,$\rho_{液}$ 为液体的密度,单位为 kg/m³;g 为重力加速度,$g=9.8$N/kg;$V_{排}$ 为物体排开液体的体积,单位为 m³。由此可见,浮力的大小与液体密度的大小相关。

为了进一步验证液体中物体所受浮力大小与液体密度大小的关系,我们设计了本实验,对浮力现象进行研究,并对浮力大小与液体密度大小的关系进行分析。

三 实验仪器及材料

实验仪器及材料(图 3-1):玻璃杯,食盐,一个生鸡蛋,适量的自来水。

玻璃杯

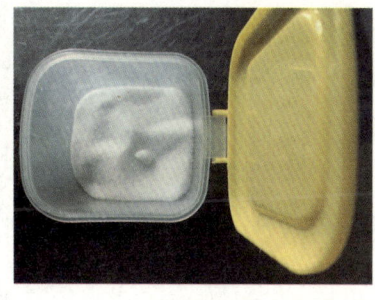
食盐

生鸡蛋

图 3-1 实验仪器及材料

四 实验步骤

1. 先在玻璃杯中倒入半杯清水，将生鸡蛋轻轻放入清水中，观察生鸡蛋在清水中所处的位置。

2. 如图3-2所示，生鸡蛋会沉至水底。这是由于生鸡蛋的密度大于清水的密度，鸡蛋所受重力大于它所受浮力，鸡蛋沉至水底。

图3-2 生鸡蛋在清水中所处的位置

3. 再向玻璃杯中的清水中倒入足量食盐，使玻璃杯中的清水变成食盐的饱和溶液。再次观察生鸡蛋在水中的位置变化。

注意事项：一是要选用生鸡蛋。二是要加入足量的食盐，使清水变为食盐的饱和溶液。做到以上两点，才能保证鸡蛋会浮起。

4. 如图3-3所示，随着食盐的不断加入，生鸡蛋会上浮到水面上来。其原因在于，随着食盐的加入，玻璃杯中的盐水的密度逐渐变大，使鸡蛋所受浮力逐渐变大，当浮力超过重力时，鸡蛋会开始上浮，最后浮到水的表面。

5. 实验结束后，清理桌面。

温馨提示：实验结束后，要洗手。

图3-3 生鸡蛋在食盐的饱和溶液中的位置

五 实验记录单

操作	将生鸡蛋放入清水中	将少量食盐加入烧杯后	将大量食盐加入烧杯后
现象记录			

六 科学加油站

1. 在水中加入足量的食盐后，水的密度＿＿＿＿＿，鸡蛋就会浮起来，说明物体在液体中所受浮力大小与＿＿＿＿＿＿＿有关。

2. 除了改变液体的密度外，还可以通过＿＿＿＿＿＿、＿＿＿＿＿＿＿的方法，来改变物体在液体中所受浮力。

七 拓展空间

钢材的密度大于海水的密度，所以，钢材放入海中会沉到海底，那为什么轮船却可以浮在海面上呢？

四 易拉罐彼此吸引

引 言

同学们，易拉罐是我们平时很常见的东西。你们玩过易拉罐吗？你们能从游戏中发现科学的奥秘吗？让我们一起来做下面的这个小实验吧。

一 实验目的

了解边界处的流体运动时其内部压强的变化情况。

二 知识链接

伯努利效应：在物体与流体接触的界面上，流体的运动速度越大，压强越小；流体的运动速度越小，压强越大，这就是著名的伯努利效应。伯努利效应反映出流体的速度与压强的关系：物体的流速越大，内部的压强越小；流体的流速越小，内部的压强越大。

例如：有三艘平行行驶的船舶，如果两艘船中间的水流速度很大，那么，相邻的两艘船舶可能会发生碰撞（图 4-1）。

图4-1 三艘平行行驶的船

三 实验仪器及材料

实验仪器及材料（图 4-2）：空易拉罐 2 个、0.5 m 的细线 1 根。

 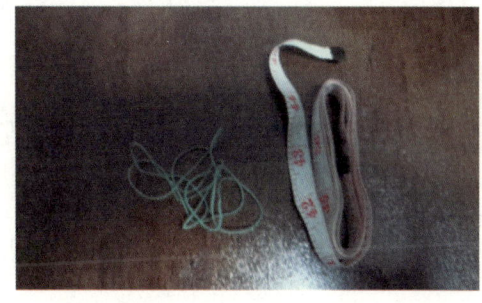

图4-2 实验仪器及材料

四 实验步骤

1. 用细绳垂直固定两个易拉罐，然后把细绳的一端挂起，使易拉罐间的距离不超过 5 cm，如图 4-3 所示。

2. 等易拉罐静止的时候，向两个易拉罐的中间轻轻吹气，再使劲吹气。观察两次吹气时，两个易拉罐的位置变化，如图 4-4 所示。

图4-3　竖直悬挂的两个易拉罐

 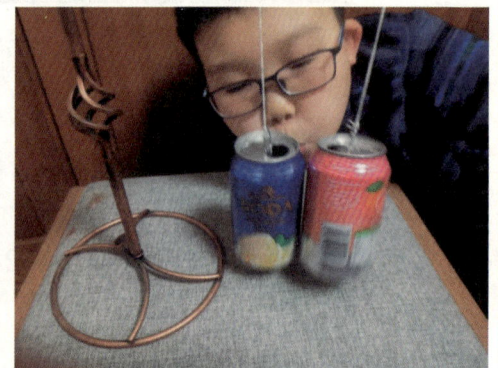

图4-4　向两个易拉罐的中间吹气

如果我们向两个悬挂的易拉罐中间吹气，易拉罐会相互靠近。其中的原理是这样的：

1. 物体与流体接触的界面上的压强变小导致易拉罐相互靠近。吹一口气之后，两个易拉罐会靠近而不是分开。

2. 流体内部压强的大小会导致易拉罐相互"吸引"的程度不同。在两个易拉罐中间的空间里，空气的速度越快，压强越小，所以两个易拉罐会靠近甚至相撞。

五 实验记录单

观察	轻轻吹气	使劲吹气
两个易拉罐之间的距离变化		

六 科学加油站

1. 在易拉罐与空气接触的界面上，空气流动得越快，压强越_____。在两个易拉罐之间，由于空气的流动速度比较_____，此时流体的压强相对易拉罐外侧会比较_____，所以两个易拉罐会靠近。

2. 在海上，如果两艘轮船靠得过紧，一股强风从两船间穿过时，两艘船会_____。

七 拓展空间

把两个易拉罐放在水盆里，并向两个易拉罐的中间注入水，易拉罐会如何运动？（试试看，你一定会有发现的！）

五 海洋细菌的分离与培养实验

引 言

同学们,你们知道海洋细菌吗?海洋细菌是用肉眼看不见的,但是数量众多,当达到一定数量时,我们可以看到海洋细菌聚集在一起的形态。本实验的内容便是将海洋细菌进行分离并培养。

一 实验目的

1. 了解海洋细菌的概念及特点。
2. 学会海洋细菌的分离与培养方法。

二 知识链接

1. 丰富多样的海洋细菌。海洋细菌是海洋微生物中分布最广、数量最大的一类生物,个体大小常在 1 μm 以下,主要呈球状、杆状、螺旋状和分枝丝状。细菌域 80 个门中大多数类型在海洋中都有分布，如变形菌门、厚壁菌门、放线菌门、绿弯菌门、蓝细菌门等，但因为海洋生物环境的特殊性，如寡营养、高压、低光照和低温等，造就了海洋细菌的形态、组成、分布活动的多样性以及独特的生理生化代谢系统，使海洋细菌与陆生细菌有着巨大的差别。

2. 海洋细菌的分离与培养。常见的细菌分离法有稀释培养法、高通量培养法、扩散盒培养法和微囊包埋法。其中，稀释培养法是最常用的细菌分离培养方法，即对采集的样品进行梯度稀释，然后将稀释液涂布到合适的固体或半固体培养基上，在适当的条件下进行培养。

考虑到简单实用的要求，低年级同学可用接种环直接画线，用2216E或TCBS培养基平板简单分离并培养海洋细菌，然后观察菌落的形成过程和形态特点。高年级同学用稀释培养法时，可用海水按不同比例稀释后，将稀释液均匀涂布到平板上，菌落形成后计数，取平均值，换算出当次样本的可培养的细菌数。

三 实验仪器及材料

实验仪器与材料（图5-1）：接种环（或灭菌牙签）、涂布棒、酒精灯、75%酒精、无菌1.5 mL离心管、200 μL移液器、废液收集杯（烧杯）、封口膜。

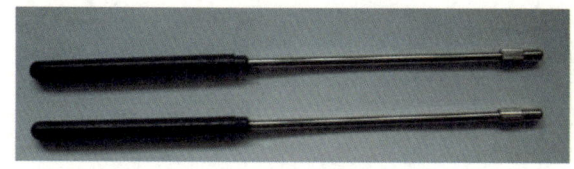
接种环（或灭菌牙签）

涂布棒

图5-1 实验仪器与材料

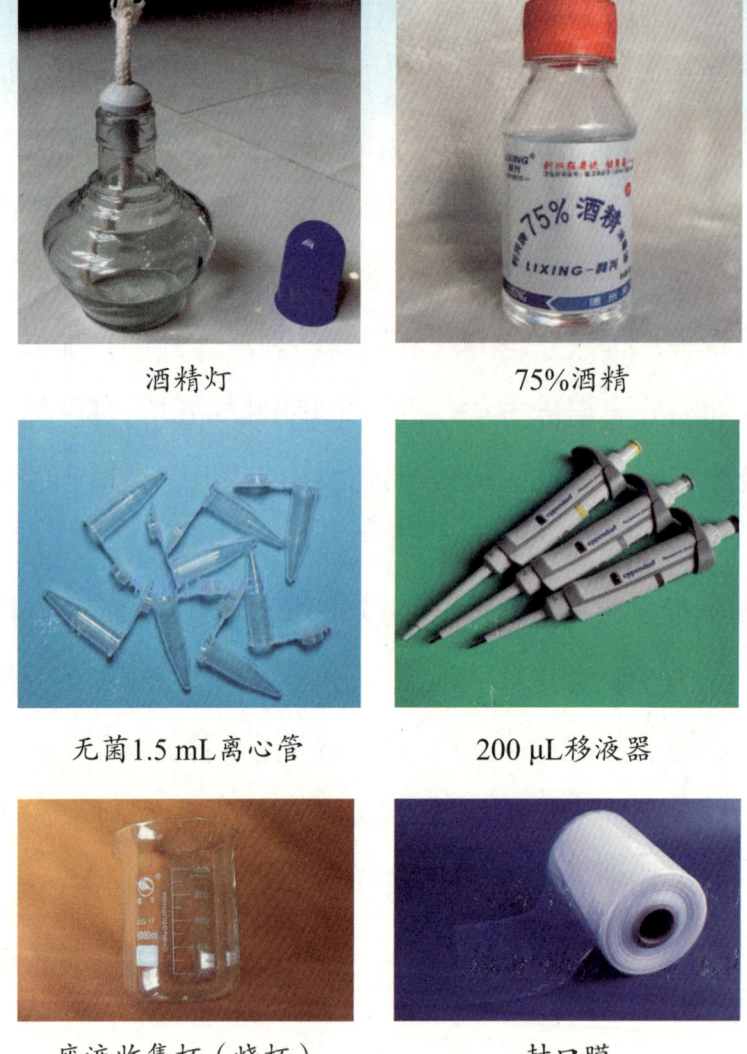

酒精灯　　　　　　　　75%酒精

无菌1.5 mL离心管　　　200 μL移液器

废液收集杯（烧杯）　　封口膜

图5-1　实验仪器与材料（续）

其他实验器材：新鲜采集的海水、灭菌的海水、2216E 培养基平板/TCBS 培养基平板、无菌枪头、马克笔、无菌管。

四　实验步骤

1.样品的采集：用无菌管采集新鲜的海水，密封后带回实验地点。

2. 划线培养（图5-2）：用酒精擦拭实验台台面和相关物品，将接种环放在酒精灯火焰上灼烧，直至烧红。在火焰旁冷却接种环，打开装有海水的离心管，将冷却的接种环伸入菌液中，蘸取海水。左手持平板将皿盖打开一条缝隙，右手蘸有海水的接种环迅速伸入平板内连续画线，然后再次灼烧接种环。将平板倒置，室温下放置2～7 d，观察菌落的形成。

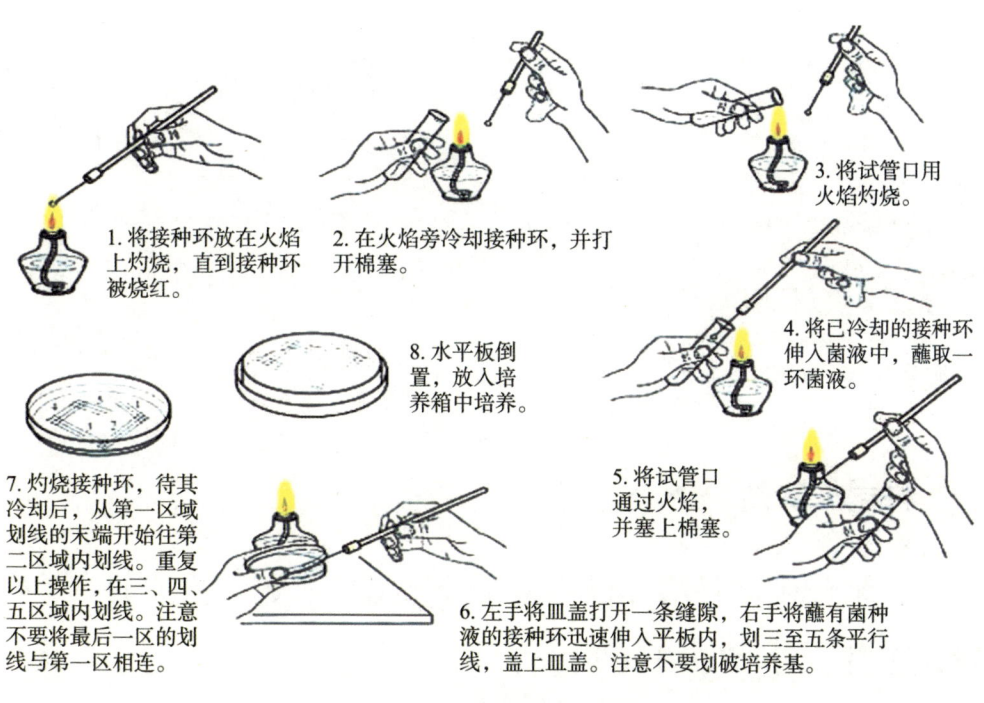

图5-2　菌落培养步骤

3. 涂布培养（图5-3）：用酒精擦拭实验台台面和相关物品，分别按照海水体积：无菌水体积为1∶1，1∶100，1∶1000的比例稀释海水，取100 μL不同稀释比例的海水注入平板后，用灭菌的涂布

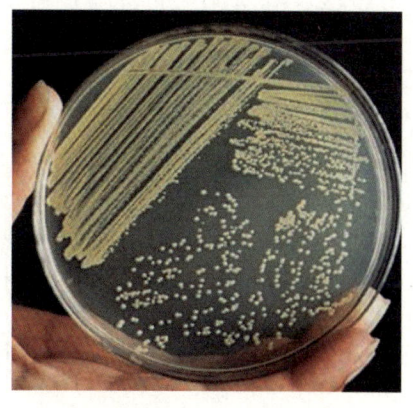

图5-3　涂布培养

棒在平板表面均匀涂布。菌落形成后，选取菌落分散，菌落数在 30 ~ 300 的平板，并在选择的样品平板上进行计数。每个样品至少取 6 个平板菌落的平均数，再乘以稀释倍数，即可获得当次样本的可培养细菌数。

五 实验记录单 ▶

样品名称	S_1	S_1	S_1
稀释倍数	1	10	100
涂布体积（μL）	100	100	100
克隆数（CFU）			
细菌浓度（CFU/mL）			

六 科学加油站 ▶

1. 海洋细菌是海洋微生物中分布最广、数量最大的一类生物，个体大小常在 1μL 以下，主要呈_____状、_____状、_____状和_____状。

2. 常见的细菌分离法主要包括_____法、_____法、_____法和_____法。

七 拓展空间 ▶

根据我们对海水中细菌的培养，你能尝试着计算出一滴海水（约 0.05 mL）中大约有多少个细菌吗？

六 牡蛎壳腔容积测定

引 言

　　牡蛎等双壳贝类常用肥满指数表征肉质部的肥瘦程度（肥满度），肥满指数也称条件指数，一般以软体部的干物质质量与壳腔容积的比值表示。肥满指数对于确定双壳贝类适宜采收时期、进行采卵预测等过程具有重要的指导意义，也是评估牡蛎品质与价值的重要指标。软体部的干物质质量容易测量，但壳腔容积不能直接测量。

　　那么，我们该如何有效地测量牡蛎的壳腔容积呢？

一 实验目的

1. 了解牡蛎腔容积的测定方法，了解牡蛎肥满度的计量方法。
2. 了解不规则物体体积的测定方法。

二 知识链接

1. 牡蛎：牡蛎俗称海蛎子，是软体动物门的双壳贝类。牡蛎的两壳形状不同，表面粗糙，呈暗灰色；上壳中部隆起、较小；下壳附着于其他物体上，较大、颇扁、边缘较光滑。牡蛎肉鲜味美、营养丰富，而且具有独特的保健功能和药用价值。

2. 牡蛎肥满指数的计算：牡蛎一般以软体部的干物质质量与壳腔容积的比值来计算肥满指数，用于表征牡蛎的肥满程度。

三 实验仪器及材料

实验仪器材料（图6-1）：电子天平、烧杯、冲洗瓶、尼龙绳、乳胶手套、牡蛎刀、鲜活的牡蛎。

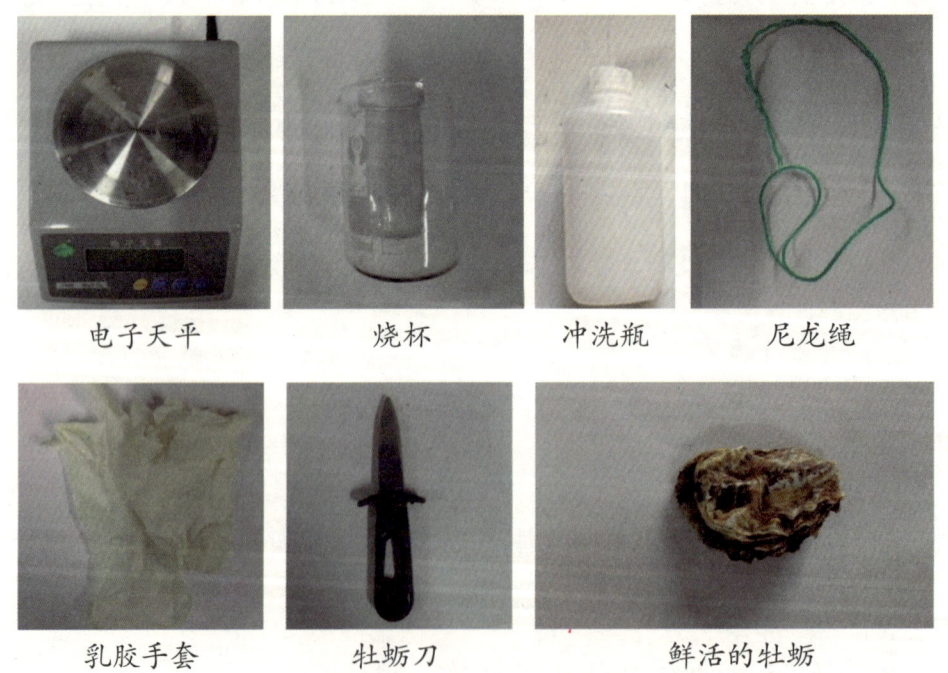

图6-1 实验仪器与材料

四 实验步骤

实验前确保每个牡蛎处于活体状态，壳边缘完整紧闭无缺口。测量前把牡蛎壳润湿。测量时，保证牡蛎双壳紧闭，可以通过观察在牡蛎水中是否有气泡从双壳间冒出来判断牡蛎有无张口；如有气泡冒出，需把牡蛎拿出，用淡水冲洗，刺激牡蛎将双壳闭紧。

1. 选用一个烧杯，标定一个固定的水位（如 200 mL 处），使水能够完全淹没牡蛎的完整个体，如图6-2所示。

2. 用天平称出图6-3所示的4个数据。

图6-2　在烧杯中加适量水

烧杯甲的质量（m_0）

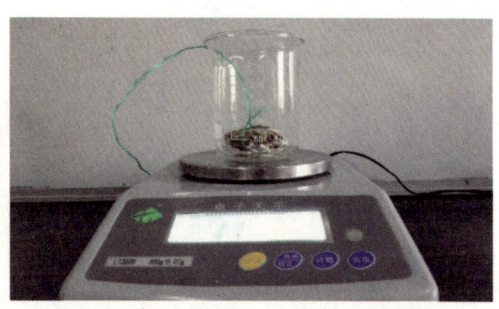

烧杯乙+牡蛎的质量（m_1）

将烧杯丙加水至200 mL后的质量（m_2）

烧杯丁+牡蛎+水至200 mL处的质量（m_3）

图6-3　用天平称出各个质量

3. 把4个数据分别代入公式 $V=[(m_2-m_0)-(m_3-m_1)]/\rho$，得到牡蛎完整个体体积 V_1（ρ 为水的密度，$\rho=1.0\text{ g/cm}^3$）。

4. 用牡蛎刀撬开牡蛎，去除软体部位，得到空壳（软体部位保留）。测量出 m_4 和 m_5 两个数据，如图6-4和图6-5所示。

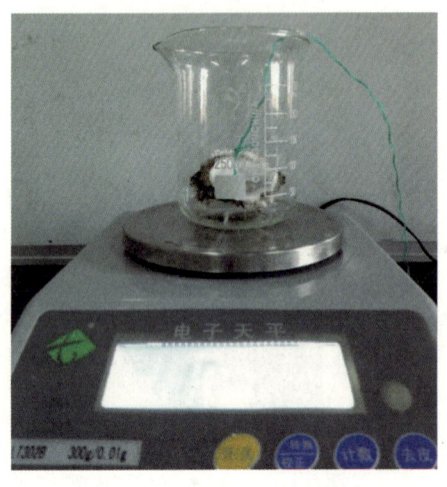

图6-4 空烧杯＋牡蛎空壳质量（m_4）

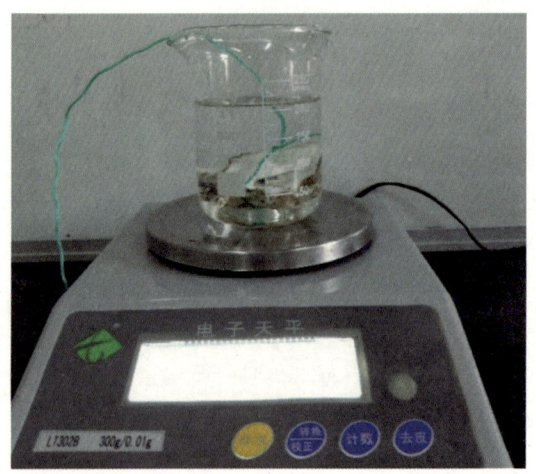

图6-5 烧杯＋牡蛎空壳＋水加至200 mL（m_5）

5. 将 m_4，m_5 分别代入公式 $V_2=[(m_2-m_0)-(m_5-m_4)]/\rho$，得出牡蛎空壳体积 V_2。用牡蛎完整个体体积 V_1 减去空壳体积 V_2，即得到牡蛎壳腔容积。

6. 称量挖出的牡蛎软体部质量 m_6。

7. 计算软体部质量与壳腔容积的比值，得到牡蛎肥满指数。

> **温馨提示：**
> 1. 撬开牡蛎的过程比较危险，建议请老师为同学们撬开。
> 2. 动手操作的同学需戴手套，避免被牡蛎壳划伤。
> 3. 不要把烧杯放在桌子边缘，避免在操作过程中打翻烧杯。
> 4. 做完实验清洗手部、清理实验台面。

五 实验记录单

完整个体称量	m_0	m_1	m_2	m_3	m_4	m_5	m_6
称量结果							

计算结果

$V_1=$ _____ 。

$V_2=$ _____ 。

牡蛎壳腔容积：$V_1-V_2=$ _____ 。

牡蛎肥满指数：$\dfrac{m_6}{V_1-V_2}=$ _____ 。

我的实验收获

六　科学加油站 ▶

1. 牡蛎是一种＿＿＿＿＿动物。它的＿＿＿＿＿居人类食物之首。

2. 牡蛎不仅肉鲜味美、营养丰富，而且具有独特的＿＿＿＿＿功能和＿＿＿＿＿价值。

七　拓展空间 ▶

我们学会了牡蛎壳腔容积的测定方法后，想一想，还可以用这种方法做些什么？

七 显微镜下探究海洋浮游动物

引 言

同学们，你们知道海洋浮游动物吗？

海洋浮游动物，是一类没有或仅有微弱的游动能力，悬浮在水层中随水流移动的海洋动物的总称。让我们一起来研究海洋浮游动物吧！

一 实验目的

1.了解海水中常见的浮游动物的种类，会用显微镜来观察浮游动物。

2.认识几种常见的典型浮游动物，通过实验，观察并绘图。

二 知识链接

解剖显微镜，又称体式显微镜、解剖镜，用于观察、解剖生物样本。它的放大倍数一般不超过70倍，附有操作台，便于进行绘图、解剖、固定、制备样品等工作。该显微镜与普通显微镜的不同之处在于其成像效果立体感强,三维成像较好。

三 实验仪器及材料

实验仪器及材料(图7-1):解剖镜及计算机、记录纸、绘图纸、绘图铅笔、黑色棉布、培养皿、胶头滴管、结晶皿、乳胶手套、浮游动物活体样品、浮游动物标本、过滤消毒海水。

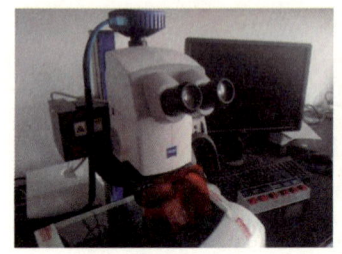
解剖镜及计算机

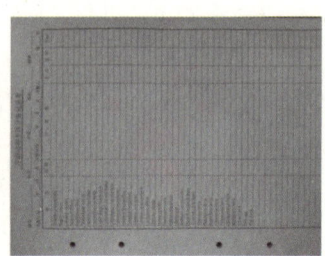
记录纸

培养皿

结晶皿

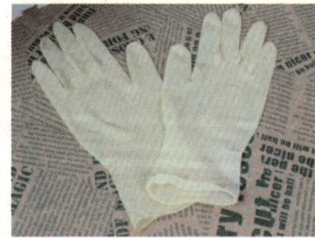
乳胶手套

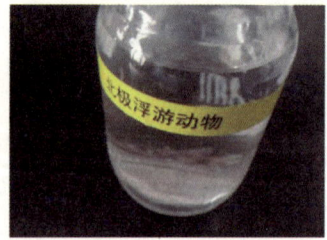
浮游动物活体样品

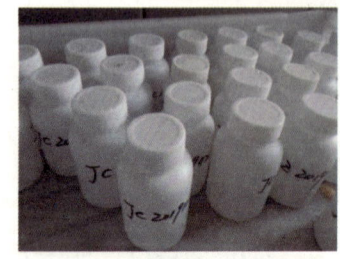
浮游动物标本

图7-1 主要实验仪器及材料

四 实验步骤

1. 解剖镜的操作：认识解剖镜的组成及功能。根据观察的需求，调节变焦旋钮和对焦旋钮，移动工作台，熟练掌握解剖镜的操作动作。

2. 样品的获取：将浓缩后的样品进行分装，并转移至培养皿中。

3. 观察：将盛有浮游动物的培养皿置于解剖镜操作台上，如图 7-2 和图 7-3 所示。

图7-2 调节解剖镜对焦旋钮

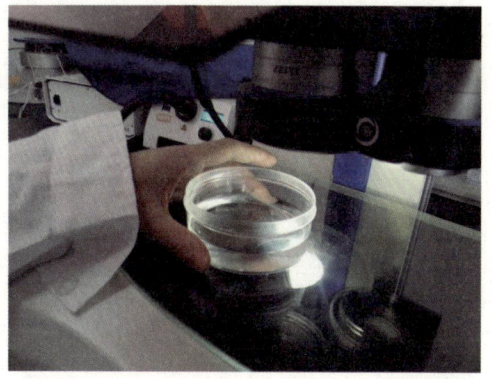

图7-3 将盛有浮游动物的培养皿放置于解剖镜操作台上

4. 利用解剖镜观察培养皿中的浮游动物，如图 7-4 所示。

5. 认识几种浮游动物：桡足类、箭虫、虾蟹幼体、住囊虫、水螅水母等。

6. 绘图：选取一种动物绘图。

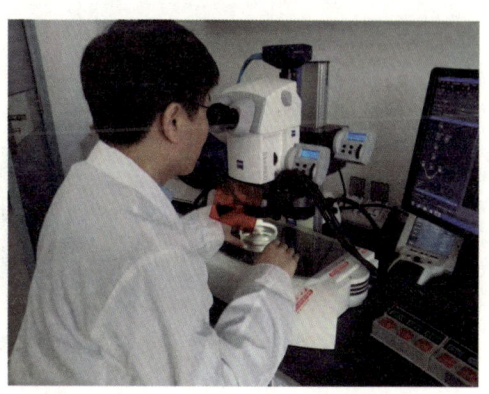

图7-4 观察浮游动物

五 实验记录单

我的绘图

六 科学加油站

写出解剖镜各部分结构的名称。

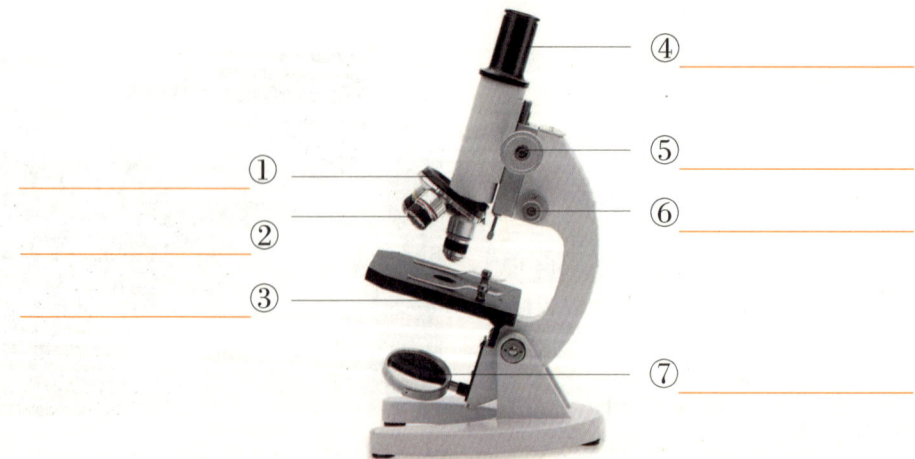

七 拓展空间 ▶

　　用解剖镜来观察我们身边的物品,如头发、纸上的字迹、纸张或布的纹理等,你又会有怎样的发现?将观察到的画一画吧。

我的发现

八 海带提取碘

引言

海带是青岛海边常见的一种藻类。我们都知道海带富含碘元素，今天我们就做个实验，看看如何从海带中提取碘。

一 实验目的

1. 知道海带富含碘元素，了解碘的用途。
2. 了解提取碘的方法，观察并进行碘的提取实验。

二 知识链接

1. 海带是一种生长在低温海水中的大型食用褐藻，它含有丰富的海带多糖、氨基酸、维生素和微量元素，是常用的补碘食物，同时也具有一定的药用价值。
2. 单质碘呈紫黑色，晶状，易升华，有毒性和腐蚀性。碘单质遇淀粉会变蓝。单质碘主要用于制药、染料、碘酒、试纸和碘化合物等。碘是人体的必需微量元素之一。

3. 酸碱度。

（1）溶液酸碱度的检测：溶液的 pH < 7 时，为酸性溶液；pH=7 时，为中性溶液；pH > 7 时，为碱性溶液。

（2）溶液里有些化学反应需要在不同的酸碱度下进行。

4. 海带含碘的检测原理：碘单质遇淀粉会变蓝。

（1）从海带里提取单质碘：在海带浸泡液中加入盐酸使其 pH =2，再加入过氧化氢，使从海带里浸泡出的碘离子变成碘单质。

（2）用淀粉进行检测：溶液变蓝。

三 实验仪器及材料

实验仪器及材料（图 8-1）：干海带、6% 过氧化氢、可溶性淀粉、1% 氢氧化钠溶液、1% 盐酸、500 mL 玻璃烧杯、250 mL 三角瓶、1 支玻璃棒、若干纱布、无粉乳胶手套、若干塑料滴管、pH 试纸。

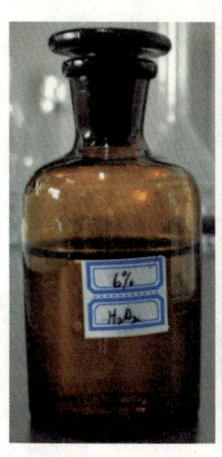
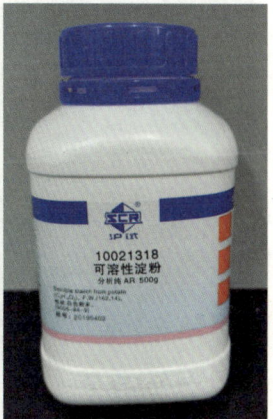

干海带　　　　6%过氧化氢　　　可溶性淀粉

图8-1　实验仪器及材料

 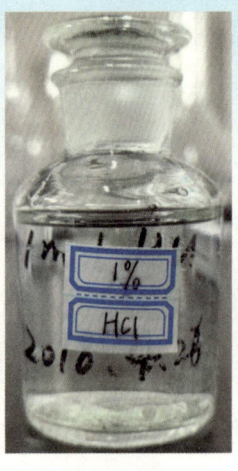 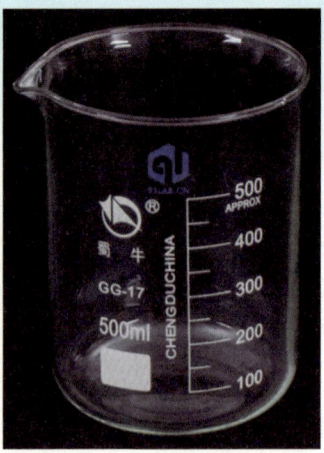

1%氢氧化钠溶液　　　1%盐酸　　　500 mL玻璃烧杯

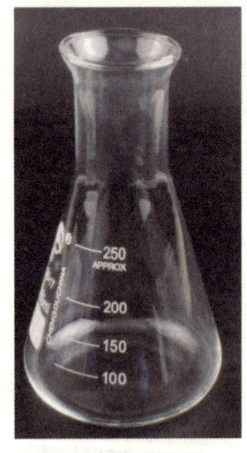  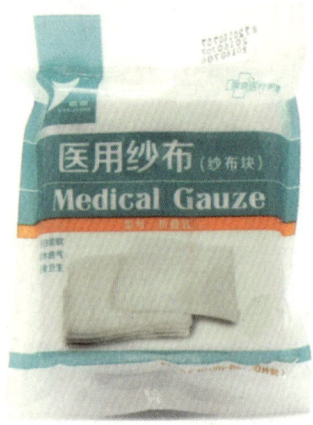

250 mL三角瓶　　　1支玻璃棒　　　若干纱布

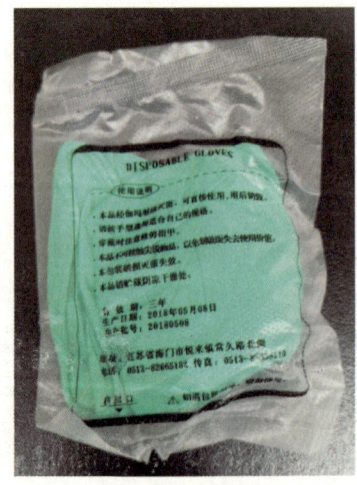 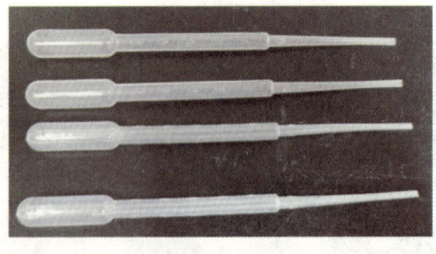

若干塑料滴管

无粉乳胶手套　　　pH试纸

图8-1　实验仪器及材料（续）

四、实验步骤

1. 取若干干海带浸泡在海水中,浸泡1h,如图8-2所示。

图8-2 将干海带浸泡1h

图8-3 将海带的过滤液移至三角瓶中

2. 用滤纸过滤海带浸泡液,并将过滤液移至250 mL三角瓶中,如图8-3所示。

3. 向三角瓶中的滤液里滴入1%盐酸,每滴10滴检测1次溶液pH值,通过pH试纸,直到滤液的pH=2,如图8-4所示。

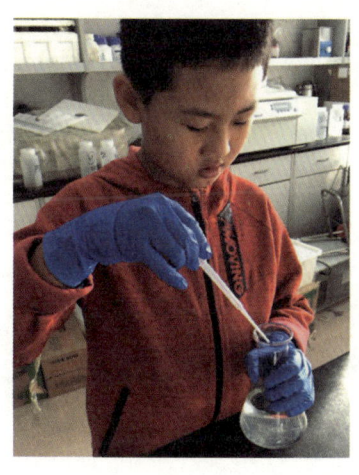
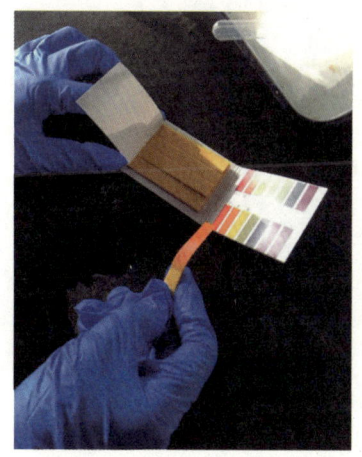
图8-4 滴加盐酸将滤液的pH调至pH=2

4. 向滤液中滴入 10 滴 6% 过氧化氢，再滴入 3～5 滴淀粉溶液，观察滤液颜色变化，如图 8-5 所示。

图8-5　滴加过氧化氢和淀粉溶液　　图8-6　海带浸泡液变成蓝色

5. 向滤液中滴入 1% 的氢氧化钠溶液，每滴 10 滴摇晃均匀，观察滤液颜色变化。

6. 再次向滤液中滴入 1% 盐酸溶液，摇晃均匀，观察滤液颜色变化，如图 8-6 所示。

五　实验记录单 ▶

操作	过滤后的滤液	加入盐酸溶液	加入过氧化氢溶液	加入淀粉溶液	加入氢氧化钠溶液	再次加入盐酸溶液
颜色变化						

六 科学加油站 ▶

1. 海带是一种生长在低温海水中的大型食用_____，按照颜色的分类标准，它属于_____。

2. 根据碘遇淀粉会变_____的特性，可以用淀粉来检测碘的存在。

七 拓展空间 ▶

如果人体缺少碘，会出现什么问题？我们可以通过哪些方式来补充碘呢？

九 不同盐度下，鲍的腹足吸附力的测量实验

引 言

鲍，俗称鲍鱼。据报道，壳长为 15 cm 的鲍的腹足充分附着后，需要用 1000 N 的力才能被拔下来。如果将鲍鱼置于不同盐度的海水中时，鲍的腹足的附着力会一样吗？下面，我们一起来探究吧。

一 实验目的

1. 测量鲍的腹足在不同盐度的海水中，其腹足的吸附力是否相同。
2. 掌握弹簧测力计的使用方法。

二 知识链接

1. 鲍鱼是一种名贵的海珍品，味道鲜美，营养丰富，被誉为海洋中的"软黄金"。

2.合适的海水盐度是维持一切海洋生物进行生命活动的基础条件。海水的平均盐度为35。

三 实验仪器及材料

仪器及材料（图9-1）：小鲍鱼（壳长最好在5 cm之内）、弹簧测力计、烧杯、海水晶、天平、尼龙绳、淡水。

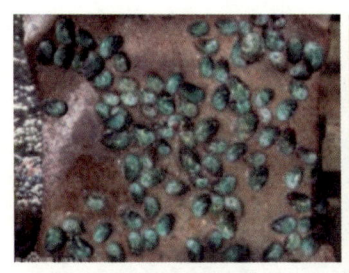
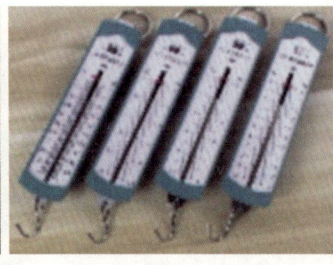

小鲍鱼（壳长最好在5 cm之内）　　弹簧测力计　　烧杯

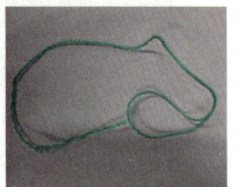

海水晶　　天平　　尼龙绳　　淡水

图9-1　实验仪器及材料

四 实验步骤

1.准备4个规格相同的烧杯，用海水晶配制盐度分别为0、15、35和50的盐水（图9-2）。

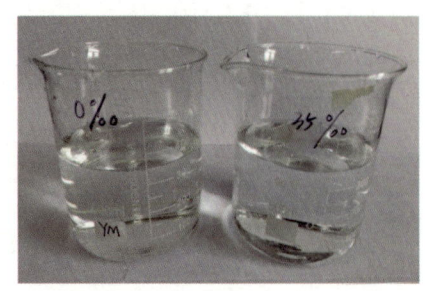

图9-2　不同盐度的盐水

2. 每组准备 3～5 只同等规格的活的小鲍鱼，用尼龙绳沿壳边缘紧紧拴住它们，如图 9-3 所示。

图9-3　用绳拴住的鲍鱼

3. 将每组小鲍鱼分别放入不同盐度的海水中，待小鲍鱼稳定地吸附在烧杯壁上后，再静置 5～10 min，如图 10-4 所示。

图9-4　鲍鱼吸附在烧杯壁上

4. 使用弹簧测力计钩住已拴好的绳子（图 9-5），缓慢拉动弹簧测力计直至小鲍鱼完全脱离杯壁，分别记录 4 个盐度下小鲍鱼完全脱离杯壁时的拉力值并进行比较。

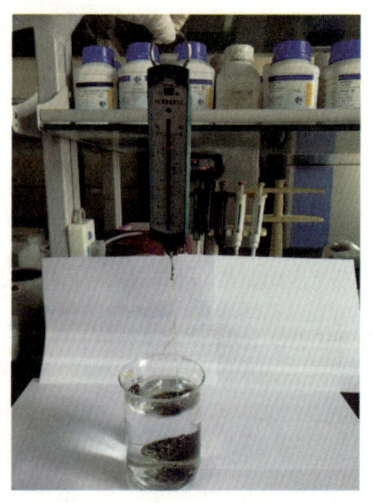

图9-5　用弹簧测力计拉动鲍鱼

五 实验记录单

盐度	0	15	35	50
拉力值（N）				

六 科学加油站

1. 鲍的腹足的附着力很大。据报道，壳长为 15 cm 的鲍的腹足充分附着后，需要用 1000 N 的力才能拔掉，相当于提起 _____ kg 的物体所用的拉力。

2. 海水的平均盐度为 _____。

七 拓展空间

"不同盐度下，鲍的腹足的吸附力实验"可以给我们带来哪些启示？

十 海水悬浮颗粒物的提取

引 言

浩瀚的大海,有时清澈透亮,有时浑浊灰暗。这是为什么呢?这跟海水悬浮颗粒物的多少有关。海水悬浮颗粒物是什么?我们怎么才能得到它们呢?接下来让我们做个小实验,通过滤膜来得到它们吧。

一 实验目的

1. 了解海水悬浮颗粒物的概念,了解看似透明的海水中含有很多微小的颗粒物。

2. 了解海水悬浮颗粒物的提取方法,且能提取并观察海水悬浮颗粒物。

二 知识链接

1. 海水悬浮颗粒物的概念。海水悬浮颗粒物是悬浮于海水中的泥沙颗粒、生物尸体、碎屑以及其他细小物质的总称。它们在海水中含量很少，约 1 mg/L；在近岸的海水中含量高，约 10 mg/L。

2. 研究海水悬浮颗粒物的意义。海水悬浮颗粒物对海水的性质、海洋浮游生物繁殖和海底沉积等研究有重要意义。如长江、尼罗河等河流中含有大量泥沙悬浮体，它们因带有电荷在流动的河水中鲜有沉淀；但当河流入海时，它们所带的电荷被海水中的离子中和，加之流速大大降低，很容易在重力的作用下发生聚沉，从而在河流入海口处形成三角洲。

三 实验仪器及材料

实验仪器及材料（图10-1）：过滤器、过滤膜、烧杯、蒸馏水、天平、烘箱、镊子、三角瓶、培养皿。

过滤器和过滤膜

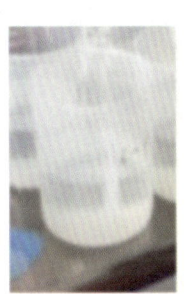
烧杯和蒸馏水

天平

烘箱

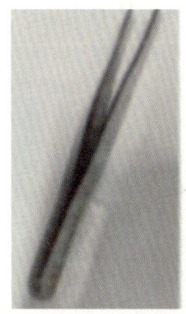
镊子

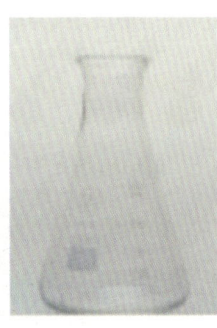
三角瓶

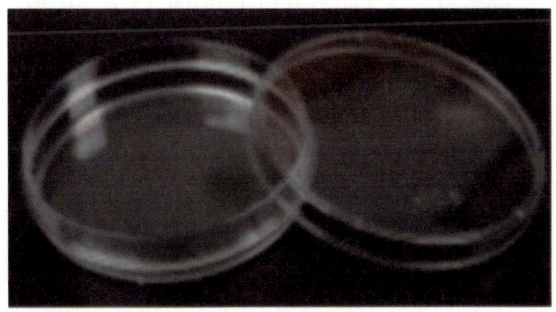
培养皿

图10-1　实验仪器及材料

四 实验步骤

1. 滤膜的烘干和称重。我们用滤膜来提取海水中的悬浮颗粒物。滤膜像我们用的纸张一样，由纵横交错的纤维组成，在显微镜下能够看到上面布满了缝隙。我们用的 0.45 μm 孔径的滤膜只能让直径小于 0.45 μm 的物质通过，可以把大部分的海水悬浮颗粒物截住。我们把滤膜放到培养皿中，在烘箱里烘干，然后用天平称出它的重量，记为 m_1。

2. 海水过滤（图 10-2）。

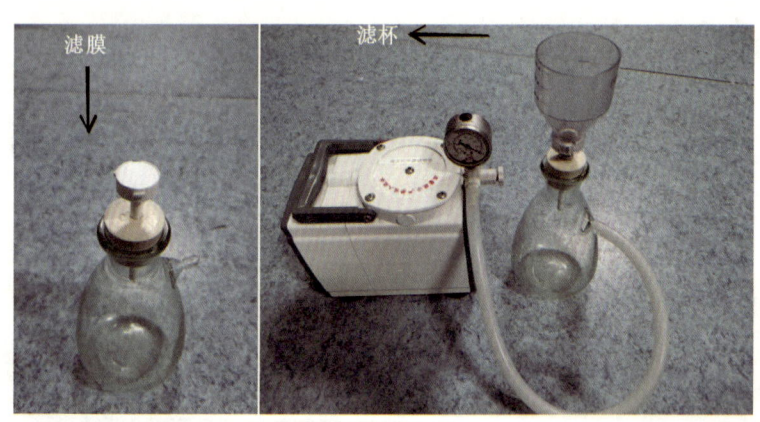

图10-2　海水过滤

将烘干的滤膜从培养皿中取出，放到滤器上；用量筒量 1 L 采集的海水，倒入铺好滤膜的滤杯中；启动真空泵，滤杯中的水在负压作用下通过滤膜流入抽滤瓶中；直径大于 0.45 μm 的颗粒物会被留在滤膜上，这样就完成了海水悬浮颗粒物的提取。

3. 滤膜 2 次烘干和称重（图 10-3）。

过滤结束后，用镊子取下滤膜，放到培养皿中，再次放入烘箱，等滤膜完全烘

图10-3　滤膜

干后,取出称重,将此时的滤膜质量记为 m_2。

4. 计算悬浮颗粒物的质量和浓度。

滤膜上截留了海水中大于 0.45 μm 的悬浮颗粒物,所以会有 $m_2 > m_1$,(m_2-m_1)的值就是 1 L 海水中悬浮颗粒物的质量;用悬浮物的质量除以溶液的体积,就可以得出悬浮颗粒物的浓度了,单位是 mg/L。因此,我们可以知道采集的海水中悬浮颗粒物的浓度为(m_2-m_1)mg/L。

过滤后的滤膜中心或多或少会变黄(图10-4)。仔细观察会发现黄色的物质都是一些细小的颗粒,这就是海水悬浮颗粒物。

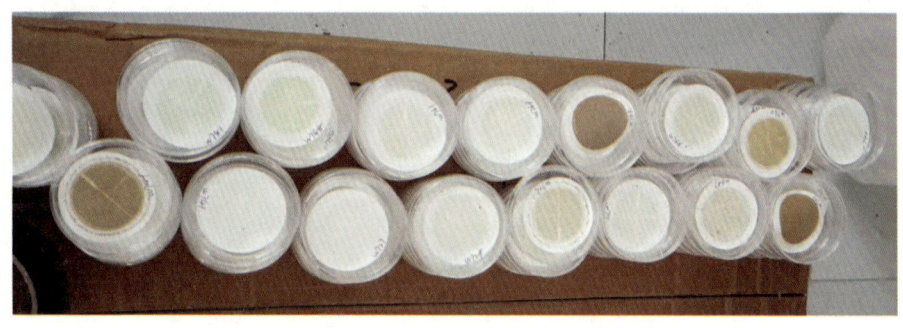

图10-4 过滤后的滤膜

五 实验记录单

滤膜号	过滤体积(mL)	滤水前的膜重(mg)	滤水后的膜重(mg)

(续表)

滤膜号	过滤体积（mL）	滤水前的膜重（mg）	滤水后的膜重（mg）

六 科学加油站 ▶

悬浮颗粒物对海水性质、浮游生物的繁殖和海底沉积等的研究有重要意义，你还知道它们有什么作用吗？

七 拓展空间 ▶

让我们通过资料的查找，进一步了解研究海水悬浮颗粒物的价值与意义吧。

十一 海水中粗盐分含量的测定实验

引 言

食盐是我们生活中不可缺少的东西。食盐是从哪里来的呢？很早很早以前，人们用大海的海水晒盐，用盐湖的盐水晒盐，用盐泉的咸水煎制食盐。当然，我们现在依然用海水和盐湖水来制取食盐。海水中粗盐分的含量怎样测定的呢？今天我们来做这个实验吧。

一 实验目的

1. 知道海水是一种混合溶液，了解海水的成分。
2. 掌握海水的结晶方法，学会测量海水的盐度。

二 知识链接

海水可以看成是纯水溶解一系列物质形成的溶液。海水溶解的物质包括有机物、无机物和气体（图11-1）。海水溶解的盐分不只包括我们家里的食用盐，还有其他一些无机物。海水盐度是指 1 kg 海水中无机盐的总量（克数）。远离海岸的大洋表层水盐度变化不大，平均为 35；近

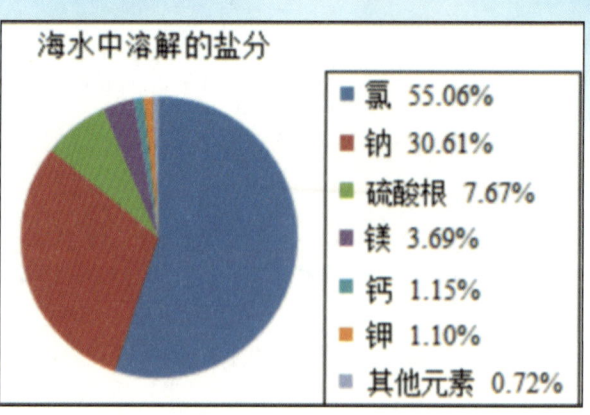

图 11-1　海水中的物质

海受大陆淡水的影响，盐度较大洋的稍低，且浮动范围较大。有趣的是，尽管大洋海水盐度会有所差异，但是其主要成分的含量比例却几乎是恒定的，不受生物和化学反应的显著影响，这就是海水组成恒定性规律。

三　实验仪器及材料

实验仪器（图 11-2）：坩埚钳、蒸发皿、石棉网、三脚架、电子秤、乳胶手套、酒精灯；实验材料：近海采集的海水。

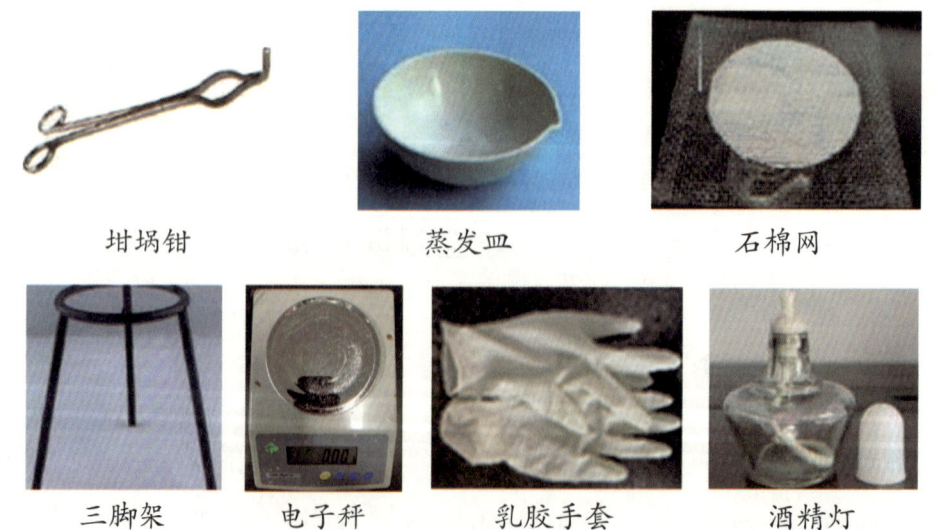

图 11-2　实验仪器

四 实验步骤

1. 组装实验装置（图11-3）。

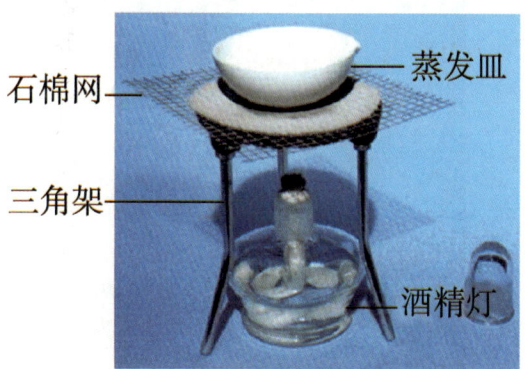

图11-3 实验装置

2. 将蒸发皿进行称重，记录质量 A（图11-4）。
3. 量取 10 mL 海水倒入蒸发皿中（图11-5）。

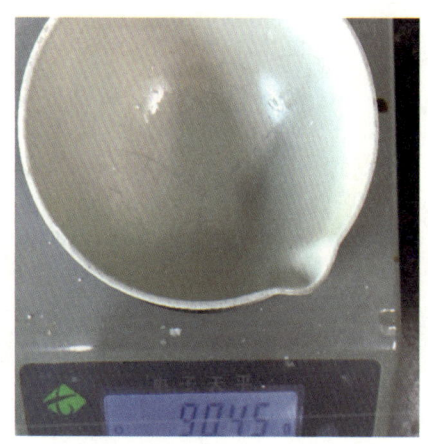 

图11-4 称重蒸发皿　　　图11-5 量取好的海水

4. 点燃酒精灯，加热。
5. 用玻璃棒小心搅拌，至海水蒸发完全。

6. 冷却并蒸发皿的称重，记录蒸发皿质量 B（图 11-6）。

图 11-6　冷却称重

7. 计算每 10 mL 海水中的粗盐质量，用质量 B 减去质量 A。

> **温馨提示：**
> 1. 在实验过程中，需戴乳胶手套进行操作；
> 2. 小心烫伤；
> 3. 酒精灯不可倾斜；
> 4. 做完实验后，整理好实验器材并洗手。

五　实验记录单

	质量（g）
质量（A）	
质量（B）	

（续表）

	质量（g）
质量（B-A）	
实验结论	

六 科学加油站

1. 海水中结晶的粗盐的颜色是_____，因为里面含有_____等多种物质。

2. 食用盐可以从海水、_____、_____中加工制取。

七 拓展空间

海水中提取的粗盐除了可以加工成食用盐外，还可以用来做些什么？

十二 多彩褐藻胶的制备

引 言

褐藻胶是存在于褐藻中的一类多糖，具有一定的黏性，是一种常用的增稠剂。今天，就让我们一起制备五颜六色的褐藻胶吧。

一 实验目的

1. 了解褐藻胶的性质。
2. 了解褐藻胶的用途。
3. 了解多彩褐藻胶的制备方法，通过实验观察多彩褐藻胶的制备现象。

二 知识链接

1. 褐藻胶是褐藻中存在的一种天然高分子化合物。褐藻胶具有很大的黏度，同时还具有抑菌、抗氧化、促生长、止血等作用，可用于食品、纺织、橡胶、医药等多个领域。褐藻胶可以做食品的增稠剂、乳化剂、品质改良剂等；褐藻胶用在医药工业上，做代血浆、止血剂、烫伤纱布、牙科印模剂、药品赋形剂、新型钡餐造影剂、胶囊等。

2. 褐藻胶的制备。褐藻胶是构成褐藻细胞壁的物质之一，在碳酸钠的存在下可以溶出，变成可溶性的褐藻胶，滴入氯化钙溶液可以使可溶性的褐藻胶变成不溶性的褐藻酸钙，从溶液中析出。

三 实验仪器及材料

实验仪器及材料（图12-1）：滤纸、玻璃棒、塑料滴管、乳胶手套、镊子、烧杯、量筒、10%氯化钙溶液、2%褐藻酸钠溶液、1%次甲基蓝溶液、1%甲基橙溶液。

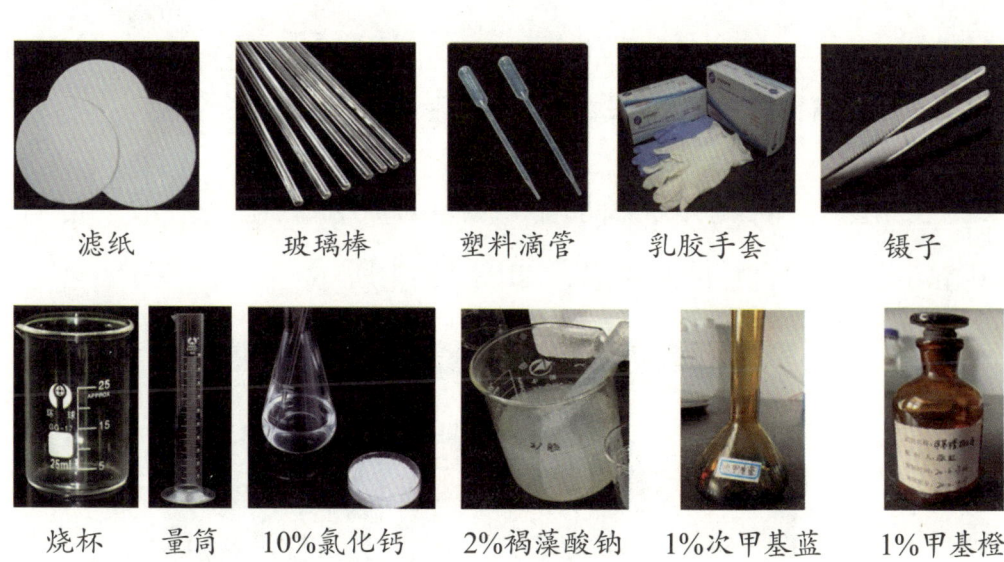

图12-1　实验仪器及材料

四 实验步骤

1. 褐藻酸钠溶液的量取：用量筒量取 10 mL 2% 的褐藻酸钠溶液，倒入 25 mL 烧杯中，如图 12-2 所示。

2. 染色：在烧杯中滴加 1~5 滴甲基橙或者次甲基蓝溶液，观察颜色的变化，如图 12-3 所示。

图12-2 量取好褐藻酸钠溶液

 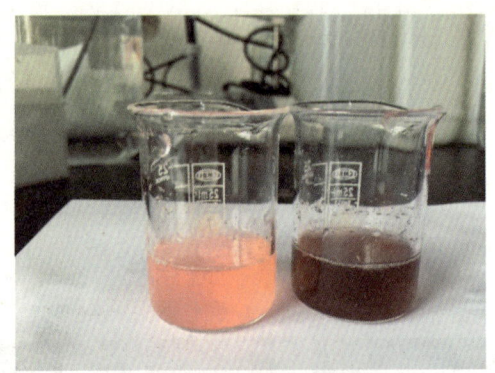

图12-3 滴入甲基橙或者次甲基橙溶液使溶液变色

3. 沉淀：向烧杯中滴加 1~2 mL 10% 氯化钙溶液，静置 10 min，观察沉淀生成现象，如图 12-4 所示。

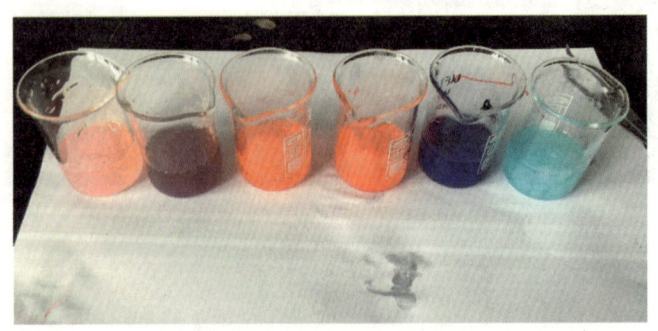

图12-4 加入氧化钙溶液生成沉淀

4. 干燥：用镊子轻轻将褐藻酸钙沉淀夹出并放置于滤纸上，用滤纸轻轻吸干水分，再在空气中自然晾透，得到多彩褐藻胶，如图12-5所示。

图12-5 用滤纸滤干，得到的多彩褐藻胶

五 实验记录单

操作	2%褐藻酸钠溶液	加入指示剂后	加入1%氯化钙溶液后
颜色变化			
溶液变化			

六 科学加油站

1. 褐藻胶有很多用途，可用于食品、纺织、橡胶、医药等多个领域。褐藻胶可以做食品的_____、_____、_____；在医药工业上可以做_____、_____、_____等。

2. 利用褐藻酸钠遇到氯化钙会变_____的特性，可以用氯化钙来沉淀褐藻酸钠。

七 拓展空间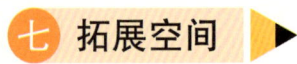

实验制备的多彩褐藻胶和我们平时用的橡皮泥有哪些相似性呢?

十三 海洋鱼类DNA的提取实验

引言

为什么有的鱼长得相似？而有的鱼长得互不相同？其实，这是因为鱼类体内的 DNA（DeoxyriboNucleic Acid 的缩写）相同或不同所导致的。接下来让我们一起学做将海洋鱼类的 DNA 进行分离提取的小实验。

一 实验目的

1. 认识生物遗传物质——DNA。
2. 掌握提取 DNA 的方法。

二 知识链接

1. DNA（DeoxyriboNucleic Acid 的缩写），又称脱氧核糖核酸，是染色体的主要化学成分；同时也是组成基因的分子，有时被称为"遗传微粒"。DNA 是一种分子，可组成遗传指令，以引导生物的发育与生命机能的运作。

2.海洋鱼类有许多种,有的是扁平的,匍匐在海底;有的是梭形的,穿梭在海中;有的在漆黑的深海发光;有的通过放电捕猎。但是,海洋鱼类的形态与外貌是由它的遗传信息——DNA决定的。

三 实验仪器及材料

实验仪器及材料(图13-1):移液器、离心管、剪刀、试剂盒、枪头盒、水浴锅。

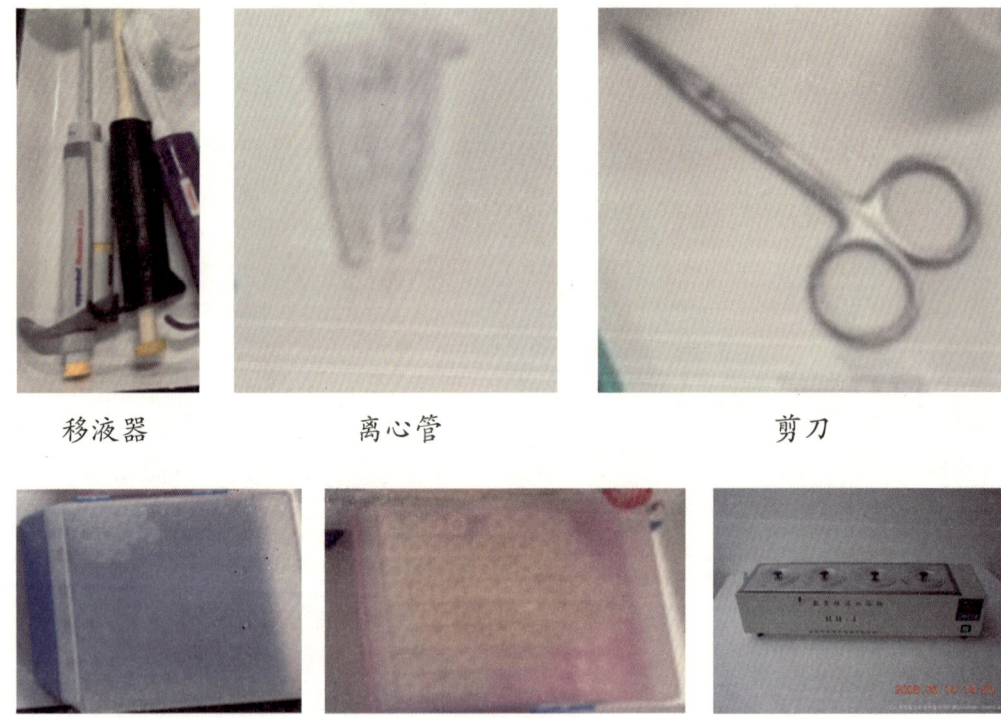

图13-1 实验仪器及材料

另外,还需准备鱼肉、离心机等、缓冲液 buffer WA。

四 实验步骤

1. 把 0.1 g 鱼肉用剪刀剪碎后，放入离心管中。

2. 加入 180 μL 的缓冲液 buffer GL，如图 13-2 所示（用于 DNA 的回收纯化）。

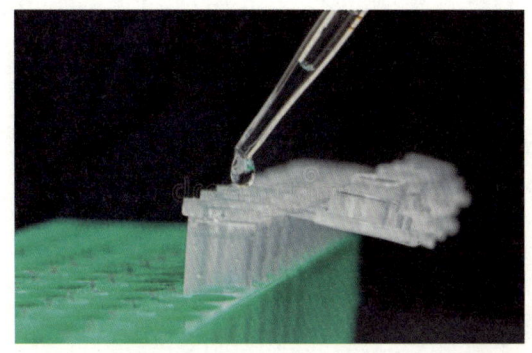

图 13-2 将缓冲液 buffer GL 加入鱼肉中

3. 放入 56 ℃的水浴锅中，加热 2～3 h 至鱼肉完全被融化。

4. 融化之后，用移液器把鱼肉融化液转移到另一个带柱子的离心管中，再放入离心机（图 13-3），转速设置为 12 000 rpm，离心 2 min。

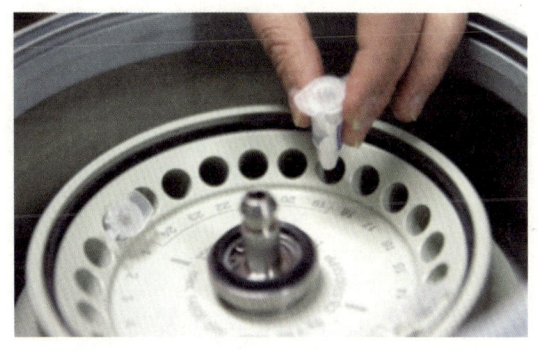

图 13-3 将消化液放入离心机

5. 将 500 μL 缓冲液 buffer WA 加至离心管中，放入离心机，转速设置为 12 000 rpm，离心 1 min。

6. 将 700 μL 缓冲液 buffer WB 加至离心管中，放入离心机，转速设置为 12 000 rpm，离心 1 min。

7. 更换新的离心管，放入离心机，转速设置为 12 000 rpm，离心 2 min。

8. 将柱子从离心管取出，安装到 1.5 mL 的收集管上，在柱子膜的中央处加入 50 ~ 200 μL 的灭菌水。

9. 在离心机里，设置转速为 12 000 rpm，离心 2 min 洗脱 DNA。

五 实验记录单

操作	鱼肉融化前	鱼肉融化后	离心后
状态变化			

六 科学加油站

1. DNA，又称_____，是_____的主要化学成分，同时也是组成_____的材料，有时被称为"遗传微粒"。

2. 形态各异的海洋鱼类是由它的遗传信息_____决定的。

七 拓展空间

海洋鱼类 DNA 的研究，可以为我们人类的生活带来怎样的影响呢？

十四 微生物间的拮抗作用

引 言

　　同学们，你们知道微生物吗？微生物就是小到肉眼看不见，必须借助显微镜才能看见的生物。自然界中，微生物有抑制、拮抗另一种微生物生长的本领，这种本领经常通过产生特殊的物质（比如抗生素）来实现，人们发现拮抗作用是微生物界的普遍现象。下面就让我们一起来了解一下微生物间的拮抗作用吧！

一 实验目的

　　1. 知道自然界微生物无处不在，了解每种微生物各有本领。
　　2. 观察海洋微生物生长时存在的拮抗现象，了解微生物拮抗作用，知道一种微生物有抑制另一种微生物生长的本领。

二 知识链接 ▶

1. 微生物："微"是很小很小的意思。微生物就是小到肉眼看不见，必须借助显微镜才能看见的生物。在空气、陆地、河流和海洋里都有微生物的分布，在人、鸟、小狗和植物等体内也有许多种微生物的存在。微生物多种多样，有些微生物对人类有害，是致病的，比如伤口感染就是由一些微生物引起的；但是也有许多微生物对人类有益，比如制作酸奶的菌粉也是用微生物做的。

2. 微生物的生长：微生物生长和我们人类一样，需要各种营养。微生物生长需要的营养物质有六大类要素，包括水、碳源、氮源、无机盐、生长因子和能源。给微生物准备的培养基就是它们的饭，包括了上面提到的营养物质。

3. 拮抗作用：1928年的一天，弗莱明在他的实验室里研究导致人体发热的葡萄球菌。由于工作中的疏忽，他没盖好培养皿的盖子。他发觉培养细菌用的琼脂上附了一层青霉菌。使弗莱明感到惊讶的是，在青霉菌的近旁，葡萄球菌没有生长。这个偶然的发现深深地吸引了他，他设法培养这种霉菌进行多次实验，终于发现了青霉菌产生的青霉素可以在几小时内将葡萄球菌全部杀死。从那以后，人们知道了自然界有的微生物有抑制拮抗另一种微生物生长的本领，这种本领经常通过产生特殊的物质比如抗生素来实现。人们发现抑制拮抗作用是微生物界的普遍现象，而青霉菌抑制葡萄球菌是微生物界抑制拮抗现象的一个典型的例子。

三、实验仪器及材料

1. 培养基（图 14-1）：酵母膏和蛋白胨，琼脂粉，海水，见图 14-1。

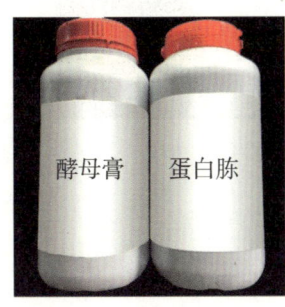 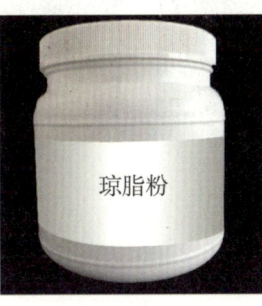 

　　酵母膏和蛋白胨　　　　　琼脂粉　　　　　　　海水

图 14-1　培养基

2. 实验仪器（图 14-2）：操净台，培养箱，三角瓶，装好培养基的培养皿，移液器，移液器 TIP 头，灭菌涂布棒，酒精灯，乳胶手套。

　　操净台　　　　　　　三角瓶　　　　　装好培养基的培养皿

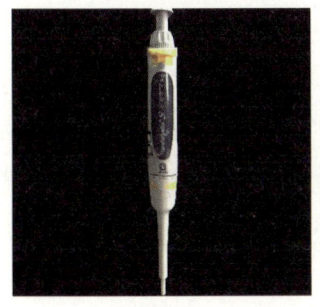 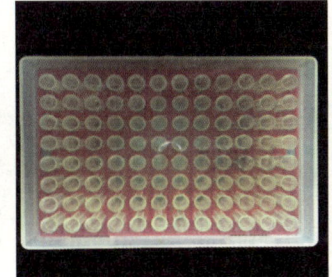 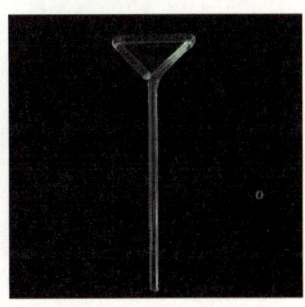

　　移液器　　　　　　移液器TIP头　　　　　灭菌涂布棒

图 14-2　实验仪器

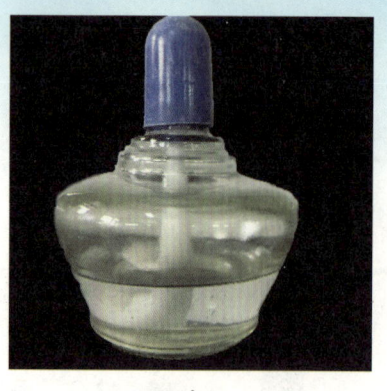
酒精灯

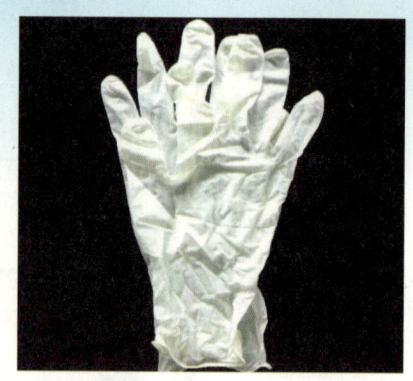
乳胶手套

图14-2 主要实验器材（续）

3. 菌种（图14-3）：两种海洋菌，拮抗菌A和被拮抗菌B。

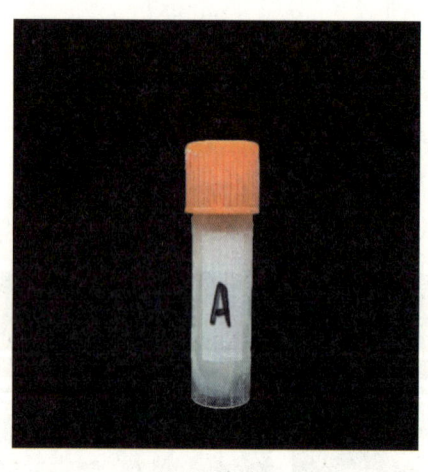
拮抗菌A

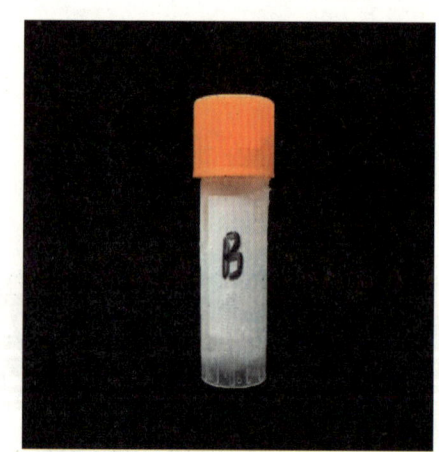
被拮抗菌B

图14-3 菌种

四 实验探究

1. 打开保存被拮抗菌B的菌种管，吸一滴，如图14-4所示。打开培养皿盖，把菌种液滴到培养皿里培养基上面，用灭菌的涂布棒把菌种摊开到培养基上，如图14-5所示。盖上培养皿盖，收好涂布棒和被拮抗菌B的菌种管，如图14-6所示。

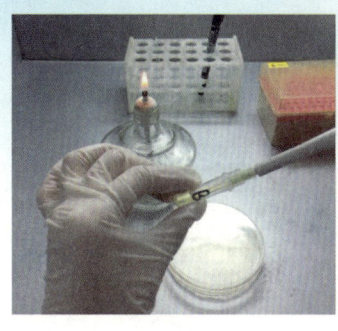
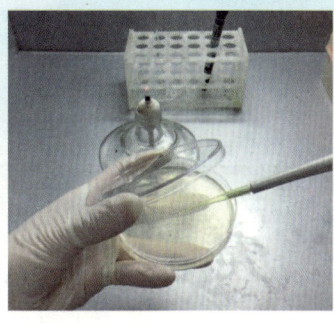
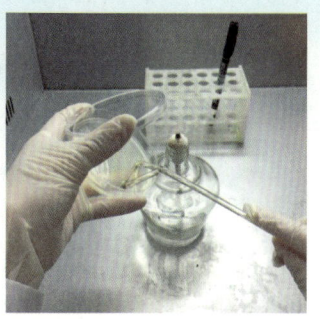

图14-4　吸取被拮抗菌B　　图14-5　将被拮抗菌B滴到平板上　　图14-6　涂布被拮抗菌B

2. 打开拮抗菌A的菌种管，吸一滴，如图14-7所示。再打开培养皿盖，把拮抗菌A的菌液滴到涂布了B菌液的培养基表面，如图14-8所示。盖上培养皿盖，收好拮抗菌A的菌种管。

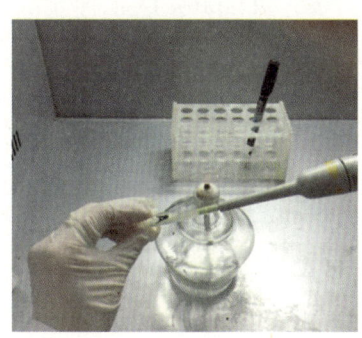
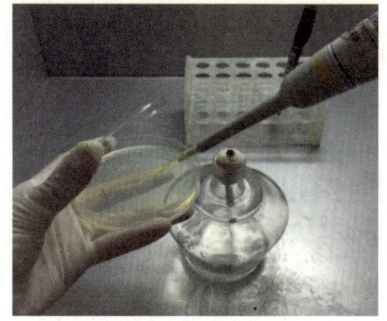

图14-7　吸取拮抗菌A　　　图14-8　将拮抗菌A滴到平板中间

3. 把加好菌液的培养皿放在培养箱中，如图14-9所示。等待第二天观察记录，如图14-10所示。

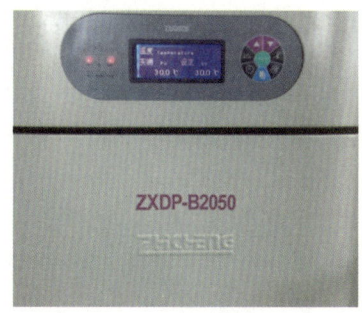
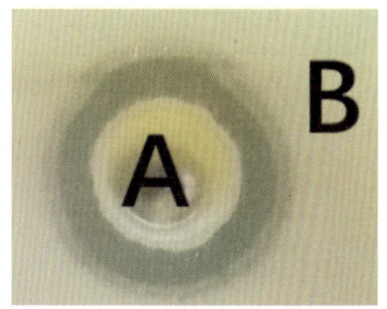

图14-9　适宜温度培养　　　图14-10　实验现象

五 实验记录单

	现象
第一天	
第二天	

我的结论：＿＿＿＿＿＿＿＿＿＿＿＿＿＿＿＿＿。

六 科学加油站

1. 微生物就是小到＿＿＿＿＿＿，必须借助于显微镜才能看见的＿＿＿＿＿＿。

2. 人们发现拮抗作用是微生物界的普遍现象，弗莱明在他的实验室发现＿＿＿＿＿＿可以抑制葡萄球菌。

七 拓展空间

生物之间并非都是友好相处，也有矛盾和争斗，甚至生死相拼。拮抗微生物，是指一种微生物在其生命活动中，产生某种代谢产物或改变环境条件，从而抑制其他微生物的生长繁殖，甚至杀死其他微生物的现象。认识了微生物的拮抗作用，我们可以利用它来做些什么呢？

致　谢

本书在编创过程中，参考使用的部分文字和图片，由于权源不详，无法与著作权人一一取得联系，未能及时支付稿酬，在此表示由衷的歉意。请相关著作权人与我社联系。

　　联系人：徐永成
　　联系电话：0086-532-82032643
　　E-mail：cbsbgs@ouc.edu.cn

图书在版编目（CIP）数据

海之秘 / 刘琨主编. —青岛：中国海洋大学出版社，2021.11
ISBN 978-7-5670-2742-8

Ⅰ.①海… Ⅱ.①刘… Ⅲ.①科学实验—初中—教学参考资料 Ⅳ.①G634.73

中国版本图书馆CIP数据核字（2021）第011722号

出版发行	中国海洋大学出版社
社　　址	青岛市香港东路23号　　邮政编码　266071
网　　址	http://pub.ouc.edu.cn
出 版 人	杨立敏
项目统筹	孟显丽
责任编辑	邹伟真　　　　　　电　话　0532-85901092
封面绘图	张栩铭
印　　制	青岛海蓝印刷有限责任公司
版　　次	2021年11月第1版
印　　次	2021年11月第1次印刷
成品尺寸	185 mm × 260 mm
印　　张	5
字　　数	90千
印　　数	1~3000
定　　价	32.00元
订购电话	0532-82032573（传真）

发现印装质量问题，请致电0532-88785354，由印刷厂负责调换